Deutschlands Neocons

Wer führt den neoliberalen Großangriff auf den sozialen Bundesstaat?

Im Auftrag des Bundesvorstands
der Bürgerrechtsbewegung Solidarität
herausgegeben von der Dr. Böttiger Verlags-GmbH

Titelfoto: Demonstration der LaRouche-Jugendbewegung und Bürgerrechtsbewegung Solidarität (BüSo) 2004 in Leipzig.

Satz: Dinges & Frick, Wiesbaden, Umschlaggestaltung Ursula Cicconi
Druck: GGP Media GmbH, Pößneck

Printed in Germany
ISBN 3-925725-52-0

Inhalt

Vorwort

Warum die Montagsdemos das Grundgesetz verteidigen müssen!

Nachdem 1945 das zwölf Jahre andauernde schwärzeste Kapitel in der Geschichte Deutschlands endlich vorüber war, gab die Formulierung „Nie wieder" der felsenfesten Entschlossenheit der absoluten Mehrheit der Weltbevölkerung Ausdruck, daß sich eine solche Katastrophe wie das Regime der Nationalsozialisten und der daraus resultierende Weltkrieg niemals wiederholen dürfe. Aber heute, sechzig Jahre später, wo die Weltwirtschaft in eine neue Depression schlittert, die mit der großen Depression der dreißiger Jahre vergleichbar ist, wagen es bestimmte Kräfte, wieder faschistische Lösungen für die Krise vorzuschlagen, als hätte es dieses „Nie wieder" nie gegeben. Hartz IV ist ein Beispiel dafür, weil es den Teil der Bevölkerung, der zufällig das Pech hat, von der Langzeitarbeitslosigkeit betroffen zu werden, seiner Grundrechte beraubt und in die Armut stößt. Aber Hartz IV wäre nur der Anfang der Durchsetzung einer faschistischen Lösung der Krise, wenn es nach den Kräften, die in diesem Dossier genannt werden, gehen sollte.

Die neue faschistische Gefahr

Viele Menschen spüren es irgendwie: Es droht in der Tat ein neuer Faschismus. Aber er droht nicht notwendigerweise in der Form von neuen „Führern" oder „Duces" oder gröhlenden Dumpfbacken auf der Straße, sondern in der

Gestalt des Angriffs auf die unveräußerlichen Menschenrechte aller, in der Neudefinition einer kleinen Schicht auf der einen Seite, die alle Privilegien für sich beansprucht, und einer immer größer werdenden Gruppe relativ „nutzloser Esser“ andererseits, deren Grundrechte immer mehr beschnitten werden. Mit der Privatisierung aller sozialen Bereiche wird der Sozialstaat faktisch abgeschafft, ein rücksichtsloser Sozialdarwinismus tritt an seine Stelle. Der Begriff des Gemeinwohls droht zu einem unverständlichen Fremdwort zu werden; statt dessen lautet die Botschaft: „Wenn du arm bist, stirbst du früher!“

„Halt! Das geht zu weit!“, höre ich förmlich den Aufschrei von anderen, weniger Betroffenen. Aber weil es um wirklich weitreichende Fragen geht, lohnt es sich, einen Augenblick nachzudenken. Denn eines steht fest: Die meisten Menschen leben in einem Zustand psychologischer Realitätsverdrängung.

Denken wir zurück an die Hitler-Zeit. Viele Leute haben sehr klare Vorstellungen darüber und sagen: Man kann die heutige Lage doch damit nicht vergleichen! Ja, natürlich nicht, nicht von unserem heutigen Blickwinkel und der Erfahrung, was Hitler und der Zweite Weltkrieg angerichtet haben. Aber wie war es *vor* dem 30. Januar 1933, wie haben sich die Leute da verhalten? Waren sie sich darüber im klaren, was ihnen bevorstand? Nein, sie waren es nicht! Sie sind in die Falle getappt, sie haben sich Illusionen gemacht, daß man Hitler bei der nächsten Wahl schon wieder loswerden würde. Die Sozialdemokraten, die Kommunisten, die Gewerkschaften, die Konservativen – sie alle haben sich geirrt. Es gab eine Handvoll von Personen, die davor warnten, daß Hitler ein ganz neues Phänomen sei und eine Katastrophe über Deutschland bringen werde; einer dieser wenigen war z.B. Ewald von Kleist.

Nein, die Masse der Leute hat die Gefahr überhaupt

Viele Menschen spüren es irgendwie: Es droht in der Tat ein neuer Faschismus. Aber er droht nicht notwendigerweise in der Form von neuen „Führern" oder „Duces" oder gröhlenden Dumpfbacken auf der Straße, sondern in der Gestalt des Angriffs auf die unveräußerlichen Menschenrechte aller.

Helga Zepp-LaRouche

nicht richtig eingeschätzt, bekanntermaßen nicht einmal die Reichswehr. Die Mehrheit der Deutschen sind genauso in den Nationalsozialismus hineingeschlittert, wie die Amerikaner nach dem 11. September in den Faschismus hineingetappt sind. Und nur, wenn die Bürger jetzt aufwachen und verstehen, daß die alte Gefahr in einem neuen

Gewand droht, kann sie überwunden werden. Denn allerspätestens nachdem Bush angekündigt hat, daß er entgegen aller Wahlversprechen die Sozialsysteme und Renten doch privatisieren will, wird deutlich, daß Hartz IV Teil einer weltweiten Operation ist, um im Sinne des Superprivatisierers José Piñera – der als Arbeitsminister unter dem Diktator Pinochet das chilenische Rentensystem ruinierte – weltweiten Faschismus einzuführen.

Natürlich würde das z.B. in den Medien niemand „einen neuen Faschismus" nennen, denn das ist „politisch nicht korrekt", und dafür haben seine Verfechter ihre Lektionen im Orwellschen „Doublespeak" viel zu gut gelernt: Immerhin sind alle Tiere gleich, aber einige sind eben gleicher als die anderen. Den brutalen Abbau der Sozialsysteme nennt man einfach „Reformen", das klingt doch viel netter. Und den massiven Angriff auf den Lebensstandard eines Großteils der Bevölkerung zugunsten des durch und durch bankrotten Bankensystems nennt man halt einfach „einen aufgrund der demographischen Verschiebung notwendigen Strukturwandel in der Sicherung unserer Sozialsysteme" – das sieht doch jeder ein, daß das notwendig ist, nicht wahr?

Solange durch die Medien sowie die neoliberalen Politiker und Experten der öffentliche Eindruck erzeugt werden kann, daß bestimmte Begriffe einen ganz anderen Inhalt haben, als man vielleicht ursprünglich annehmen würde, solange kann der neoliberale Wertewandel so ganz unter der Hand immer weiter ausgebaut und die Bevölkerung dazu gebracht werden, etwas zu akzeptieren, was gegen ihre fundamentalen Interessen verstößt. Um so dringender ist es, daß wir die Debatte auf die Grundprinzipien zuspitzen, um die es eigentlich geht.

Zurück zum Feudalismus...

Bis zum 15. Jahrhundert waren alle Regierungsformen und alle sozialen Einrichtungen „privatisiert". Nur nannte man das damals bei seinem richtigen Namen, nämlich Feudalismus. Bis dahin waren alle Regierungen nur am „privaten" Interesse einer kleinen oligarchischen Machtelite orientiert, während 95 Prozent der Bevölkerung bewußt in Rückständigkeit gehalten wurden. Sie waren Analphabeten, nahmen nicht an der Kultur der Oberschicht teil und hatten als Sklaven, Leibeigene, Knechte oder Untertanen im wesentlichen den Status menschlichen Viehs, das nach Belieben in seiner Anzahl reduziert werden konnte.

Erst mit der Renaissance in Italien, der Regierung Ludwigs XI. in Frankreich und den Schriften von Nikolaus von Kues über das repräsentative System der Regierung eines souveränen Nationalstaates entwickelte sich die Idee, daß eine Regierung nur dann Legitimität besitzt, wenn sie dem Gemeinwohl der Bevölkerung verpflichtet ist. Zum ersten Mal begann sich die zentrale Idee des Christentums, daß *jeder* Mensch ein *imago Dei*, ein Ebenbild Gottes, und von daher als kognitives Wesen mit unveräußerlichen Rechten ausgestattet ist, politisch durchzusetzen. Diese Rechte konnten aber nur verwirklicht werden, wenn die Regierung den Lebensstandard der Menschen durch die Förderung des wissenschaftlichen und technologischen Fortschritts verbesserte.

Das damalige oligarchische System des imperialen Venedig, das den Seehandel kontrollierte, sah in der Entstehung dieses am Gemeinwohl orientierten souveränen National-

Bis zum 15. Jahrhundert waren alle Regierungsformen und alle sozialen Einrichtungen „privatisiert". Nur nannte man das damals bei seinem richtigen Namen, nämlich Feudalismus.

Helga Zepp-LaRouche

staates die größte Bedrohung und setzte in der Folgezeit alles daran, die Ausbreitung eines solchen Systems souveräner Staaten aufzuhalten. Die nächsten drei Jahrhunderte, einschließlich der Religionskriege des 16. Jahrhunderts und des Dreißigjährigen Kriegs von 1618-1648, waren vom Konflikt dieser beiden entgegengesetzten Systeme gekennzeichnet. In diesem Zeitraum verlagerte sich das Machtzentrum des oligarchisch-imperialen Systems allmählich von Venedig nach Norden, hin zum anglo-niederländischen Machtzentrum. 1763 konsolidierte England mit Hilfe der British East India Company durch die Kontrolle des Seehandels und seiner Kolonien seinen Machtanspruch.

Der entscheidende Durchbruch der modernen Geschichte gelang, als die besten republikanischen Kräfte Europas gemeinsam mit den amerikanischen Gründervätern in der Neuen Welt mit der amerikanischen Revolution erstmals ein souveränes Gemeinwesen erkämpften, das laut Unabhängigkeitserklärung und Verfassung den naturrechtlichen Prinzipien unterworfen ist und in dem alle oligarchischen Privilegien aufgehoben sind. Die Legitimität der Regierung beruhte nunmehr ausschließlich in deren Verpflichtung zur Souveränität und zum Gemeinwohl – und zwar nicht nur gegenüber den gegenwärtig Lebenden, sondern auch den zukünftigen Generationen.

Alle europäischen Humanisten und republikanischen

Kräfte hatten zunächst die Hoffnung, daß es möglich wäre, die Prinzipien der amerikanischen Revolution zunächst auch in Frankreich und dann in ganz Europa zu verwirklichen – wenigstens in der Form einer konstitutionellen Monarchie. Doch die Machtübernahme durch den jakobinischen Terror und die nachfolgenden imperialen Machtphantasien Napoleons machten diese Hoffnung zunichte. Und trotz des heroischen Freiheitskampfs von 1813 in Deutschland besiegelten der Wiener Kongreß und die nachfolgende Restauration das oligarchische System in Europa.

... oder Vollendung der Amerikanischen Revolution

Aber mit der amerikanischen Unabhängigkeitserklärung von 1776 und der ersten Regierung George Washingtons von 1789 war etwas fundamental Neues geschaffen worden: eine naturrechtlich begründete Republik, die die unveräußerlichen Rechte aller Bürger in der Verfassung niederlegte und die Regierung dem Gemeinwohl verpflichtete. Und genau gegen diese Idee tobt seitdem ein erbitterter Kampf von seiten der Vertreter des anglo-niederländischen, imperialen Systems, auch in der heutigen Form der Neocons und der neoliberalen „Reformer", die den Sozialstaat abschaffen und durch die „Privatisierung" von allen sozialen Bereichen faktisch wieder den Feudalismus einführen wollen.

Gegen die „Ideen von 1789" kämpfte nicht nur das Britische Empire, sondern auch das, was in Frankreich *Synarchisme* genannt wird, also die sehr breite „Konservative Revolution", die, wie Armin Mohler in seinem diesbezüglichen Buch beschreibt, in mehr als vierhundert Strömungen und Tendenzen in ganz Europa und den USA letztlich darum kämpfte, die amerikanische Revolution wieder rückgängig zu machen. Wenn man sich nicht von sekundären ideologischen Unterschieden zwischen all diesen Strömungen verwirren läßt, sondern auf die entscheidende zentrale Frage des Menschenbildes fokussiert, dann wird die Essenz des faschistischen Ansatzes deutlich.

Auf der Seite der humanistisch-republikanischen Tradition, die auf Solon von Athen, Platon, Augustinus, Nikolaus von Kues, Leibniz und die deutsche Klassik zurückgeht, existiert ein Menschenbild, das den Menschen – und zwar alle Menschen – als kognitives Wesen auffaßt. Im Christentum entspricht dem die Idee des Menschen als lebendiges Ebenbild Gottes, dessen unantastbare Würde eben aus dieser Gottähnlichkeit resultiert. Der Mensch unterscheidet sich von allen anderen Lebewesen dadurch, daß er durch seine kognitiven Fähigkeiten die Gesetze des physischen Universums immer besser verstehen und die Lebensgrundlage seiner Gattung immer weiter verbessern kann. Weil in der Förderung der kognitiven Fähigkeit des Individuums die einzige Quelle des gesellschaftlichen Reichtums liegt, ist es das ureigenste Interesse des republikanischen Staates, die Fähigkeiten des Individuums auf die bestmögliche Weise zu fördern und den Menschen überhaupt ins Zentrum der Politik und der Wirtschaft zu stellen.

Das oligarchische Menschenbild

Auf der anderen Seite steht das Menschenbild des oligarchischen Systems, das grundsätzlich davon ausgeht, daß nur eine kleine Machtelite Menschenrechte besitzt und der Rest der Menschheit den schon erwähnten Status menschlichen Viehs hat und deshalb nach Belieben ausgebeutet und notfalls auch beseitigt werden kann. Wiederum darf man sich nicht von ideologischen Unterschieden verwirren lassen, sondern muß sich auf das Wesentliche dieses Menschenbildes konzentrieren. Dann sieht man, daß es in den scheinbar widersprüchlichsten politischen Tendenzen diese oligarchische Auffassung geben kann.

Diese Vorstellung einer kleinen privilegierten Oberschicht existierte z.B. im griechischen Sparta, in dem die Machtelite die Heloten nach Belieben umbringen konnte, ebenso wie im Römischen Reich, als Sklaven getötet und Christen den Löwen zum Fraß vorgeworfen werden konnten. Aber genau die gleiche Idee existiert auch in der oligarchischen Tradition innerhalb des Christentums, nur mit anderen Vorzeichen.

Der vielleicht entlarvendste Vertreter dieser Richtung ist der Autor, der als der wichtigste „Staatstheoretiker" der Restauration nach 1815 gilt, der aber auch schon Napoleon inspirierte und die heutigen Neocons beflügelt: Joseph de Maistre. Seine einfach gestrickte Grundvorstellung besteht darin, daß nur die Monarchen gut, die Masse der Menschen hingegen schlecht seien. Da die Menschen in ihrer Sündhaftigkeit nur durch Furcht in Schranken gehalten werden könnten, kommt de Maistre zu dem Schluß, die spanische Inquisition des 16. Jahrhunderts und der Großinquisitor Torquemada hätten das geeignete Mittel zur Aufrechterhaltung der staatlichen Ordnung gefunden – ganz so, wie die Befehlshaber in den US-Militärgefängnissen von Guantanamo Bay und Abu Graib heute. Ansonsten waren die Schriften de Maistres über die Unterwanderung des „reinen" Spanien durch die Mauren und die Juden das direkte Vorbild für die arischen Phantasien der Nationalsozialisten.

Eine andere Spielart des oligarchisch-faschistischen Menschenbildes lag der Eugenik-Bewegung zugrunde, und zwar ebenso der deutschen, die von Coudenhove-Kalergi ins Leben gerufen wurde, wie der amerikanischen, die unter der Leitung von Averell Harriman zu den

Das Grundgesetz garantiert nicht nur die Menschenwürde aller Menschen, sondern definiert die Bundesrepublik Deutschland als sozialen Bundesstaat und räumt der Bevölkerung ausdrücklich ein Widerstandsrecht gegen alle ein, die diesen Status ändern wollen. Und es war nicht zuletzt der dem Gemeinwohl verpflichtete Geist der Wideraufbauphase, der das deutsche Wirtschaftswunder ermöglichte.

Helga Zepp-LaRouche

Bewunderern und Unterstützern von Hitlers Rassegesetzen gehörte. Sie vertrat die Idee, daß Menschen nach den gleichen Kriterien gezüchtet werden sollten wie etwa Pferde oder Hunde, um den arischen Typ möglichst rein zu entwickeln. Es gehört zu den Paradoxa der deutschen Geschichte, daß derselbe Harriman dann nach dem Krieg der US-Verantwortliche für den Marshall-Plan in Europa und Experte für kulturelle Kriegsführung gegen die Sowjetunion wurde.

Die Zeit nach dem Zweiten Weltkrieg

Nach 1945 war die Lage sehr gemischt. Auf der positiven Seite konnten sich Adenauer und de Gaulle durchsetzen und im Elysée-Vertrag von 1963 das Ende einer langen Erbfeindschaft mit einem Vertragswerk im Geiste des Westfälischen Friedens beenden. Beide Regierungen, die Adenauers und später die de Gaulles, waren überwiegend von einer Verpflichtung gegenüber dem Gemeinwohl und dem christlichen Menschenbild gekennzeichnet. Die französische Verfassung von 1946, die mit der Fünften Republik von 1958 bestätigt wurde, reflektierte klar naturrechtliche Grundsätze. Das Grundgesetz garantiert nicht nur die Menschenwürde aller Menschen, sondern definiert die Bundesrepublik Deutschland als sozialen Bundesstaat und räumt der Bevölkerung ausdrücklich ein Widerstandsrecht gegen alle ein, die diesen Status ändern wollen. Und es war nicht zuletzt der dem Gemeinwohl verpflichtete Geist der Wideraufbauphase, der das deutsche Wirtschaftswunder ermöglichte.

Auf der anderen Seite wurde in dieser Zeit aber auch die Saat für die gegenwärtige Krise gesät. Denn mit der Regierung Truman setzten sich in den USA die Vorläufer der heutigen Neocons durch und damit Kräfte, die sich der anglo-amerikanischen Variante des anglo-niederländischen Imperialismus verpflichtet fühlten, in direkter Opposition zur Tradition der amerikanischen Revolution. Die Dulles-Brüder, John J. McCloy und alle, die bei der „Entnazifizierung“ und „Umerziehung“ der Deutschen beschäftigt waren, wie z.B. die Vertreter der aus dem Exil zurückkehrenden Frankfurter Schule und der Kongreß für kulturelle Freiheit, waren gerade bestrebt, alles auf den „American way of life“, d.h. auf eine globale Einheitskultur und damit die totale geistige Verflachung der modernen Untertanen, zu trimmen.

Wie schon gesagt, man versteht die Hauptauseinandersetzung zwischen den Vertretern eines humanistischen Menschenbildes und den Repräsentanten einer oligarchisch-faschistischen Ordnung nur, wenn man die verschiedenen Strömungen auf ihre wesentliche axiomatische Basis zurückführt. Denn es ist gerade das Charakteristische des auf Venedig zurückgehenden anglo-niederländischen imperialen Systems, daß es sich mal in der einen ideologischen Hülle, mal in der anderen, mal als „links“, mal als „rechts“ präsentiert – wie ein Chamäleon, oder wie ein Schimmelpilz, der sich an die jeweiligen Kulturen, die er befällt, anpaßt, ihre Farbe und ihren Geruch anzunehmen scheint, aber trotzdem den Prozeß des Verschimmelns oder des Vermoderns immer weiter treibt. Klarheit kann man nur gewinnen, wenn man die befallene Kultur auf das Menschenbild zurückführt, die ihr zugrundeliegt.

Der Haß auf die Vernunft

Ein sehr gutes Beispiel dafür ist die Rolle, die die Frankfurter Schule und der Kongreß für kulturelle Freiheit in der Nachkriegszeit gespielt haben. Unter dem Vorwand, gegen die „autoritäre Persönlichkeit" zu kämpfen, die wahlweise für den Kommunismus oder den Nationalsozialismus anfällig wäre, befanden solche Leute wie Herbert Marcuse, Theodor Adorno, Hannah Arendt & Co., daß derjenige, der behauptet, durch den sokratischen Dialog in Annäherung die eine wißbare Wahrheit herausfinden zu können, schon eine autoritäre Persönlichkeit und damit ein potentieller Faschist sei. Es gäbe keine wißbare Wahrheit, sondern alle Meinungen seien auf demokratische Weise gleichberechtigt.

Den Vertretern der Frankfurter Schule ist es weitgehend gelungen, die Gehirne von mehr als zwei Generationen von Akademikern in Deutschland mit diesem Moder zu verseuchen. Genau an dieser Krankheit ist das klassische Athen zugrunde gegangen, als es den Sophisten unter Perikles Herrschaft gelang, die Menschen zu überzeugen, daß es keine Wahrheit gebe, sondern nur Demokratie – was Perikles' aber nicht daran hinderte, Griechenland in ein Imperium zu verwandeln und so seinen Untergang einzuleiten. Die Vertreter der Frankfurter Schule können sich als Mentoren der 68er Generation und ihrer Kinder das zweifelhafte Verdienst zuschreiben, daß heute ein großer Teil der deutschen Bevölkerung praktisch vollkommen von ihren kulturellen Wurzeln abgeschnitten ist, und zwar sowohl von der klassischen Musik, als auch der klassischen Dichtung – man denke an Adornos hirnrissige Behauptung, Schiller sei ein Faschist!

Was aber ist die Wirkung, wenn die Bevölkerung von der klassischen Kunst abgetrennt ist? Nun, solche Menschen sind meistens auf die eine oder andere Weise Opfer der Unterhaltungsindustrie, die sie in passive Konsumenten und damit in die moderne Form von Untertanen verwandelt. Die Tatsache, daß die mehr als leicht oligarchisch angehauchten „Musikfestivals“ zu überhöhten Preisen „Klassik“ anbieten, bei der das besserverdienende Publikum neben einem klassischen Komponisten dann in der Regel noch ein bis zwei moderne Stücke anhören kann, ändert daran nichts.

Um zu der Eingangsthese zurückzukehren: Es droht heute angesichts der neuen Weltwirtschaftskrise ein neuer Faschismus, und es wird alles davon abhängen, daß sich die Bevölkerung nicht davon verwirren läßt, daß er in einem neuen Gewand daherkommt, denn das war schon das Problem mit Adolf Hitler, dessen wahren Charakter damals nur die wenigsten erkannten.

Dieser neue Faschismus kommt nicht zuletzt in der Form des systematischen Angriffs auf die Rolle des Staates, als der einzigen Institution, die in der Krise das Gemeinwohl verteidigen kann. Diese Angriffe kommen einerseits von den Neoliberalen und Neokonservativen, von denen in diesem Dossier die Rede ist, von der Mont-Pèlerin-Gesellschaft, die die Rolle des Staates am liebsten eliminieren würde, von der Bertelsmann-Stiftung, die sich bereits wie ein Staat im Staate aufführt, aber auch von „Vordenkern“ wie Peter Glotz, der es als gegeben ansieht, daß ein Drittel der Bevölkerung als „Bodensatz“ absinken wird.

Auf keinen Fall darf aber die negative Rolle der EU und der Europäischen Kommission unterschätzt werden. Schon 1990 beschloß die EU eine europäische Beschäftigungsstrategie für eine „Angleichung“ der Arbeitsmärkte der Mitgliedstaaten. Im Jahre 2000 kam eine Anpassung der Sozial- und Gesundheitspolitik dazu. Die Agenda 2010 der Berliner Regierung ist nur der deutsche Beitrag zu dieser europäischen Beschäftigungsstrategie. Im Vertrag von Nizza wurde dann die Vereinheitlichung des Standards der europäischen Sozialpolitik beschlossen, und dementsprechend hat in Frankreich der neokonservative Finanzminister Sarkozy die französische Version von Hartz IV eingebracht, kurz bevor er aus diesem Amt ausschied und den Vorsitz der Regierungspartei UMP übernahm.

Die Tatsache, daß der Assistent Solanas, Robert Cooper, nicht aus seinem Amt entfernt wurde, als er offen für die Rolle der EU als Juniorpartner des anglo-amerikanischen Empire und die Doktrin des präventiven Nuklearkriegs eintrat, spricht Bände. „Die weitreichendste Form imperialer Ausdehnung ist die EU“, schreibt Cooper, und fährt fort: „Die postmoderne europäische Antwort auf Bedrohungen besteht darin, das System eines kooperierenden Imperiums immer weiter auszudehnen.“ (Was das konkret bedeutet, sehen wir gerade bei der Destabilisierung der Ukraine, um die Leute vom Schlage Coopers das Imperium offensichtlich gerne ausdehnen würden.) Coopers zynische Vorstellung, die Welt würde in der Zukunft eben in sogenannte Ordnungszonen und Chaoszonen von „gescheiterten Staaten“ unterteilt, reflektiert auch das oben beschriebene oligarchische Menschenbild, bei dem nicht nur die Untertanen eines Staates auf den Status menschlichen Viehs abqualifiziert werden, sondern ganze Regionen der Welt.

Die sogenannten „Bolkestein-Richtlinien" des ehemaligen EU-Kommissars, gleich ob sie die Arbeitsbedingungen für Dock-Arbeiter im Hafen oder die Legalisierung von Dumping-Löhnen im Bausektor betreffen, entspringen derselben Geisteshaltung.

Wenn man dann vollends die enge Zusammenarbeit der Europäischen Kommission mit solchen privaten Organisationen wie der Bilderberg-Gruppe, Rand Europe und Beraterfirmen wie Abels and Grey betrachtet, dann wird deutlich, daß der Angriff auf den Sozialstaat von diesen beiden Seiten in koordinierter Form kommt: von der suprationalen Bürokratie der EU, aber auch von „privaten" Interessen wie Meinhard Miegels „Bürgerkonvent" oder Hans Tietmeyers „Initiative für eine Neue Soziale Marktwirtschaft". Wie gesagt, man darf sich nicht von den Etiketten beschwindeln lassen, man muß auf die Substanz dessen blicken, was da verkauft werden soll: auf das Menschenbild, das diesen Vorschlägen zugrundeliegt.

In den nächsten Wochen und Monaten wird sich der Dollarkollaps und die Weltfinanz- und -wirtschaftskrise dramatisch zuspitzen. Dabei gibt es sehr wohl einen möglichen Ausweg, nämlich ein Neues Bretton-Woods-System und einen New Deal für die ganze Welt in der Tradition F.D. Roosevelts. In diese Richtungen gehen auch Bestrebungen, den Eurasischen Kontinent durch den Ausbau der Eurasischen Landbrücke miteinander zu verbinden.

Aber es wird auch den Versuch geben, auf die Krise mit faschistischer Wirtschaftspolitik in der Tradition Hjalmar Schachts zu reagieren. Dieses Dossier wurde erarbeitet, damit jeder der Betroffenen des Kaisers neue Kleider erkennen kann.

Helga Zepp-LaRouche
Bundesvorsitzende der Bürgerrechtsbewegung Solidarität
Dezember 2004

IWF will Deutschland „reformieren“

Der Weltwährungsfonds (IWF) ist eine Art Dienstleistungsorgan der internationalen Finanzoligarchie und vertritt als solches die Interessen eines Systems, das die globalen Finanzmärkte und die Weltwirtschaft beherrschen will und zugleich rettungslos bankrott ist. Mit penetranter Unverfrorenheit mischt sich der IWF in die deutsche Wirtschaftspolitik ein – neuerdings ermutigt durch die Tatsache, daß der ehemalige IWF-Direktor Horst Köhler nun als Bundespräsident in Berlin direkte Einflußmöglichkeiten hat. Die Hauptforderungen an Deutschland (welche die Bundesregierung sich dienstfertig beeilt, durchzuführen) sind folgende:

➤ **Arbeitsmarktreform: Hartz IV usw.**

Schon Ende 2003 äußerte der beim IWF für Deutschland zuständige **Ajai Chopra** großes Lob. In einem Konferenzgespräch am 6. November 2003 (www.imf.org/external/np/tr/2003/tr031106.htm) sagte er: „Wir sind hocherfreut, daß Deutschland sich nun strukturellen Reformen zuwendet. Die Agenda 2010 zielt ziemlich genau in die Richtung, die wir vom IWF immer wieder gefordert haben. Besonders gilt das für den Bereich des Arbeitsmarktes, die Reform der Arbeitslosenbezüge und Sozialhilfe ist eine sehr wichtige Maßnahme. Aber auch auf dem Gebiet der Gesundheits- und Rentenversicherung gibt es sehr, sehr gute Ansätze... Und die Arbeitsmarktreformen müssen in Zukunft auch noch vervollständigt werden, insbesondere um Arbeitslosen noch mehr dazu anzuhalten, Job-Angebote anzunehmen und das *hiring and firing* zu deregulieren.“

➤ Renten- und Gesundheit: Länger arbeiten, weniger Leistungen

In einem Interview mit *IWF-Survey* (Vol. 33, No. 22, 13. Dezember 2004) unterstrich Chopra seine Vorliebe für 1-Euro-Jobs und verlangt die Verlängerung der Lebensarbeitszeit: „Die Agenda 2010 der Bundesregierung ist ein machtvoller Beginn von Arbeitsmarktreformen, aber sie muß durch weitere Reformen ergänzt werden. Mehrere Schritte in der Agenda zielen auf Reduzierung der Arbeitslosen und Steigerung der Zahl der Beschäftigten, und die sind sehr hilfreich. Doch langfristig kommt es mehr darauf an, die Beschäftigung durch höhere Beteiligung (*participation rates*) – vor allem älterer Arbeitnehmer, Frauen und Jugendlicher – auszuweiten als durch Reduzierung der Arbeitslosigkeit. Hierauf muß in Zukunft der Fokus liegen...

Die gute Nachricht ist, daß eine ausgedehnte Debatte über die Gesundheitsversorgung und die Renten stattfindet. Und mit der Agenda 2010 sind wichtige Fortschritte gemacht worden. Aber diese Reformen gehen nicht weit genug. In der besonderen Frage des Rentenalters wurde ein Vorschlag zur schrittweisen Anhebung des gesetzlichen Rentenalters nicht angenommen." Die Abschaffung der Frühverrentung reiche nicht aus.

Im gleichen Interview sagte der beim IWF für Frankreich zuständige **Alessandro Leipold**: „Die Leute leben länger, beziehen länger ihre Rente, also müssen sie auch länger einzahlen... Die Entscheidung, wann man in Rente geht, sollte jeder selbst treffen können: früher mit weniger Rente oder später mit mehr."

➤ Weit unter der Maastrichter Defizitobergrenze bleiben

2004 sei schon das dritte Jahr hintereinander, in dem Deutschland mit einem Defizit von geschätzten 3,9% BIP die Maastrichter Defizitgrenze von 3% des Bruttoinlandsprodukts überschritten habe. Chopra im gleichen *IWF Survey*: „Im Haushalt 2004 wurden einige gute Maßnahmen ergriffen, die auch in künftigen

Budgets zu Einsparungen führen, aber das wird nicht reichen, um 2005 unter der Maastricht-Grenze zu bleiben. In unserem letzten Bericht haben wir empfohlen, daß Deutschland zusätzliche, auf Dauer angelegte, hochqualifizierte Maßnahmen vor Verabschiedung des Haushalts ergreift, vor allem was den Abbau von Subventionen und den Umgang mit Steuergeldern betrifft. Leider wurde keine politische Übereinstimmung erzielt, diese Maßnahmen zu beschließen...“

Von einer Veränderung des Stabilitätspaktes hält Chopra nichts: „Der Fokus sollte darauf liegen, den Pakt zu erfüllen, anstatt ihn zu schwächen.“

Im oben erwähnten Konferenzgespräch von 2003 ging Herr Chopra noch weiter: „Wir schlagen vor, das strukturelle Defizit sollte in den drei Jahren 2004 bis 2006 um mindestens 1,5% verringert werden, d.h. auf weniger als 2,5% BIP!

➤ Föderalismusreform: Wettbewerb der Bundesländer und *budget watchdog*

Natürlich mischt der IWF auch bei der Föderalismusdebatte mit. Der Bundesrat könne alle Gesetze blockieren, welche die Länder finanziell betreffen, und damit auch alle wichtigen „Reformgesetze“ – argumentiert ein weiterer Artikel in *IWF Survey* Nr. 22, 2004.

Das föderale Solidarprinzip (wie in Art. 106 Abs. 3 GG) ist dem IWF ein besonderer Dorn im Auge: „Die starken Anstrengungen, regionale Unebenheiten auszugleichen, haben ihre Grundlage in dem Verfassungsgebot, ‚die Einheitlichkeit der Lebensverhältnisse im Bundesgebiet‘ in ganz Deutschland zu erreichen. Der deutsche Föderalismus ist in der Tat höchst kooperativ, mit nahezu identischen Steuergesetzen in allen Bundesländern. Im Gegensatz dazu geben mehr wettbewerbsorientierte Bundesstaaten – z.B. die Vereinigten Staaten, Kanada und die Schweiz – den unteren Regierungsebenen mehr Spielraum zur Verwaltung ihrer Steuereinnahmen.“

Der tollste „Reformvorschlag“ des IWF ist jedoch die Einrichtung eines „Haushaltsaufsehers“, der sozusagen als verlängerter Arm des IWF und der unabhängigen Europäischen Zentralbank die verlangten Haushaltskürzungen durchsetzen soll: „Die Einrichtung eines unabhängigen *budgetary watchdog*, der Berichte direkt an das Parlament richtet, könnte eine rationale Debatte über wirtschaftspolitische Maßnahmen fördern und öffentliche Unterstützung für Reformen herbeiführen.“

➤ Privatisierung der staatlichen Finanzinstitute und Sparkassen

Im angeführten Konferenzgespräch erwähnt Ajai Chopra zunächst die Systemkrise des Finanzsystems, das einen „Streßtest“ überstanden habe, um damit die Notwendigkeit weiterer Deregulierung im Bankensystem zu begründen. „Nach der vielleicht schlimmsten Periode seit Menschengedenken sieht es so aus, als würde das Finanzsystem sich erholen... Da das Finanzsystem noch nicht ganz aus dem Schneider ist, müssen die Banken ihre Restrukturierung beschleunigen und vertiefen... Wir sind nicht aus ideologischen Gründen gegen irgendeinen Bankentyp in Deutschland eingenommen, auch nicht gegen Genossenschaften und Sparkassen. Aber wir sehen große Vorteile darin, wenn man den Märkten erlaubt, die Restrukturierung zu lenken.“

Die Mindestforderung des IWF ist, daß öffentliche Banken eine Geschäftsform erhalten, die eine Fusion mit Banken ermöglicht. Eigentlich angestrebt wird aber „die mittelfristige Privatisierung“ der öffentlichen Finanzinstitute. „Noch einmal, dies ist kein ideologischer Punkt, wir halten es ganz einfach nicht für gerechtfertigt, daß sich fast die Hälfte aller Bankguthaben in einem Land wie Deutschland in öffentlichem Besitz befinden (sic)...“

gal

Anfang Oktober 2004 erschienen in führenden deutschen Tageszeitungen ganzseitige Anzeigen unter der Überschrift „Auch wir sind das Volk", die sich ausdrücklich gegen die Montagsdemonstrationen richteten. Interessanterweise geben sich die Unterzeichner der Anzeige nur namentlich, aber nicht institutionell zu erkennen. Was gibt es hier zu verbergen? Untersucht man, wer sie sind, so entpuppen sie sich als Vertreter einer synarchistischen „Elite", die heute die gleiche fatale Politik wiederholt, die 1929-1933 schon einmal in die Katastrophe führte.

„Auch wir sind das Volk" – Deutschlands Neocons melden sich zu Wort

Am Wochenende des 2./3. Oktober erschienen in führenden deutschen Tageszeitungen ganzseitige Anzeigen mit der Überschrift „Auch wir sind das Volk", die sich ausdrücklich gegen die Montagsdemonstrationen richteten. Die über 60 Unterzeichner riefen zur Bildung einer „große Koalition der Vernunft" auf, um den Bundeskanzler in seinem „Reform"-Kurs zu bestärken. **Schröder** dürfe den Parolen „der Populisten von rechts und links" gegen **Hartz IV** nicht nachgeben. Diese seien „Demagogen, die dem Volk nach dem Maul" redeten, und ihre Rezepte seien „so simpel, wie ihre Methoden durchsichtig". Hartz IV sei „überlebensnotwendig für den Standort Deutschland". In dieser „Stunde der Wahrheit" helfe nur noch „ein radikaler Kurswechsel" weg von leeren Versprechungen bisheriger Bundesregierungen. Soziale Einschnitte täten „weh wie alle schweren Operationen", aber aus Furcht vor Schmerzen nichts zu tun, sei verantwortungslos.

Offensichtlich war die Anzeigenaktion eine Art Mobilisierungsaufruf für eine eingeweihte, selbsternannte „Elite". Es sollte sichergestellt werden, daß die Bundesregierung unter dem Druck der zu erwartenden dramatischen Ereignisse beim Aufbrechen der systemischen Wirtschafts- und Finanzkrise – der Welle von Massenprotesten angesichts der Lohnkürzungen und Entlassungen bei **Opel, VW, Karstadt-Quelle** etc. – ihren Kurs nicht in Richtung Gemeinwohl ändert.

Ein solcher Druck auf die deutsche Regierung, in jedem Fall „auf Linie" zu bleiben, wurde schon Ende Juli sichtbar, als die Rating-Agentur **Standard and Poors** verlangte, die Hartz IV-"Reformen" kompromißlos durchzuziehen, ansonsten würden Deutschlands Staatsanleihen auf den Status von Ramschanleihen heruntergestuft. Das war keine leere Drohung: Am 2. August kamen die von der **Bürgerrechtsbewegung Solidarität** (BüSo) inspirierten **Montagsdemonstrationen** richtig in Gang. Genau an diesem Tag warfen die Londoner Anleihehändler der **Citigroup** in einer beispiellosen Aktion innerhalb weniger Minuten europäische Staatsanleihen für über 11 Mrd. Euro auf den Markt! Der Bundesregierung sollte offensichtlich „ein Schuß vor den Bug" verpaßt werden. Die Operation, die über die elektronische Anleihenbörse **EuroMTS** lief, drohte den gesamten Markt für europäische Staatsanleihen ins Chaos zu stürzen, so daß sogar die Finanzaufsichtsbehörden von Großbritannien, Frankreich und Deutschland eingeschaltet wurden.

Interessanterweise geben sich die Unterzeichner der „Auch wir sind das Volk"-Anzeige nur namentlich, aber nicht institutionell zu erkennen. Was gibt es hier zu verbergen? Wer sind diejenigen, die so großspurig für sich in Anspruch nehmen, Deutschland zu repräsentieren?

Aufschlußreich ist dabei, daß einige der Unterzeichner,

die dem Normalbürger weitgehend unbekannt sein dürften, aus führenden Managementfirmen und Rechtsanwaltskanzleien stammen. Solche Leute exponieren sich normalerweise nicht derart in der Öffentlichkeit. Darunter sind Personen, die hochrangigen „atlantischen" Zirkeln wie der Hamburger **Körber-Stiftung** oder der **Atlantik-Brücke** nahestehen. Führende Vertreter der Großindustrie und der Großbanken sind auch mit von der Partie. Und dann gibt es natürlich die „üblichen Verdächtigen", die immer dabei sind, wenn es um Sozialabbau, Deregulieren und Privatisieren geht: Roland **Berger**, BDA-Chef **Hundt**, BDI-Chef **Rogowski** oder Peter **Glotz** (siehe auch S. 72), um nur einige zu nennen. Viele der Unterzeichner stehen der SPD bzw. Gerhard Schröder persönlich nahe. Formal verantwortlich zeichnen der Kanzlervertraute Manfred **Bissinger**, früher bei *Stern* und *Die Woche*, sowie der Kolumnist der *Financial Times Deutschland*, Michael **Jürgs**.

Roland Berger forderte schon 2002 eine „Verfassungsreform" für Deutschland. Das Grundgesetz sollte durch die dreißig „klügsten Köpfe des Landes" so verändert werden, daß auch unpopuläre Maßnahmen durchgesetzt werden könnten.

Diese eigenartige Mischung von rechten und linken Kreisen ist ein typisches Kennzeichen des sogenannten Synarchismus. In den 30er Jahren hatte die französische synarchistische Bewegung **Mouvement Synarchiste Européen** (MSE), die von einflußreichen Finanz- und Unternehmensgruppen gegründet worden war, in einem Manifest erklärt, das Wesensmerkmal des Synarchismus sei es, sowohl rechte als auch linke Kreise zu mobilisieren, um sicherzustellen, daß nationale Regierungen sich in Zeiten der Wirtschaftsdepression ökonomischen „Notwendigkeiten" und nicht dem Gemeinwohl verpflichtet fühlen.

Wer sind die Unterzeichner?

Beginnen wir bei der Liste der Unterzeichner der „Auch wir sind das Volk"-Anzeige mit einem Dr. Bernd-Georg **Spies**, von dem die allermeisten unserer Leser sicherlich noch nie etwas gehört haben. Nach den verfügbaren Informationen ist Herr Spies als Managing Director bei der internationalen Managementfirma **Russell Reynolds Associates** in Hamburg beschäftigt. Diese hat sich als eine der weltweit größten Managementfirmen darauf spezialisiert, Führungskräfte für öffentliche und private Institutionen und Firmen zu rekrutieren. Schaut man sich das Führungspersonal von Russell Reynolds Associates an, wird die Sache erst richtig interessant. Dort finden wir u.a.:

- **Jonathan Bush**, Vorsitzender der **J. Bush & Co. Inc** und Onkel von Präsident **George W. Bush**. Er ist einer der 15 „Pioneers" der Bush-Kampagne, die mindestens 100 000 Dollar für den Wahlkampf gesammelt haben. Jonathan Bush ist Mitglied der Geschäftsleitung der **Riggs Bank**, gegen die von der US-Bankenaufsicht wegen Geldwäsche ermittelt wurde. Die Vorwürfe waren so schwerwiegend, daß sie sogar vom republikanischen Senator Charles Grassley im US-Kongreß aufgegriffen wurden.
- Philip **Caldwell**, Ex-Chef der **Ford Motor Company** und ehemaliges Mitglied der Geschäftsleitung des New Yorker Finanzhauses **Lehman Brothers Inc.**
- Hobson **Brown**, Geschäftsführer von Russell Reynolds Associates. Zuvor war er Vizepräsident des Finanzhauses **Morgan Guarantee Trust Company** in New York.

- Claude L. **Janssen**, Chef der französischen „Elite"-Wirtschaftsschule **INSEAD** und früherer Managing Partner bei dem Finanzhaus **Worms et Cie.**
- Frederick W. **Gluck**, ehemaliger Direktor der amerikanischen Beratungsagentur **McKinsey**.
- Im Beratungsgremium von Russell Reynolds Associates sitzt auch Robert V. **Lindsay**, früher Präsident des Finanzhauses **J.P. Morgan & Co. Inc.**

Wir haben es hier also mit einer ganz besonderen Konzentration internationaler privater Finanzinteressen zu tun, mit denen der „volkstümliche" Herr Spies der Anzeige vom 2. Oktober in Verbindung steht. Erinnern wir uns: In der Weltwirtschaftskrise der 30er Jahre waren es die Wall-Street-Finanzinteressen der **Morgans**, **Mellons**, **Harrimans** oder des Großvaters des jetzigen Präsidenten, **Prescott Bush**, die den Widerstand gegen Franklin Delano **Roosevelts** *New Deal* anführten. Es waren genau diese Finanzkreise, die über den Bankier Baron von **Schroeder** oder Hjalmar **Schacht** die Machtübernahme der Nazis unterstützten.

Weniger bekannt ist das französische Finanzhaus **Worms et Cie.**, das im Zusammenhang mit Russell Reynolds Associates und Herrn Spies auftaucht. Untersuchungen amerikanischer Nachrichtendienste in der Nachkriegszeit ergaben, daß die Banque Worms eine zentrale Rolle beim Synarchismus der 30er Jahre spielte. Demnach fungierte Banque Worms als Koordinierungszentrum französischer und anglo-amerikanischer Finanzinteressen für deren Finanz- und Wirtschaftsaktivitäten bezüglich der faschistischen Staaten Europas, insbesondere Nazi-Deutschland, Italien unter Mussolini und Franco-Spanien. Auch die Bank **Lazard Frères** gehörte zum Umfeld des Synarchismus der 30er und 40er Jahre. Der frühere OSS-Mitarbeiter Langer berichtet in seinem 1947 veröffentlichten Buch *Our Vichy Gamble* über das synarchistische Konglomerat von Unternehmen, Banken und Regierungskreisen in den 30er Jahren und während des Zweiten Weltkrieges.

Nach eigenen Angaben konzentriert sich die Worms et Cie. Holding heute auf „nicht-zyklische" hochwertige Geschäftsbereiche mit marktführenden Positionen oder innovativen Vertriebsmethoden. Nach den zur Verfügung stehenden Informationen gehören die Anteile der heutigen Worms et Cie. Holding zu 53% der **IFIL** (**Agnelli-FIAT**-Gruppe) und zu 15% dem französischen Versicherungsunternehmen **Assurances Générales de France**, aber immer noch befinden sich 23% der Anteile im Besitz der Familie **Worms.** Gerard Worms ist Partner in der **Rothschild & Cie.** Bank und sitzt seit 1998 im Aufsichtsrat der **Publicis Groupe**, eine der weltweit führenden Medien- und Kommunikationsfirmen.

Dem Aufsichtsrats der Publicis Groupe gehören weiter an: Michael **David-Weill** von der Bank Lazard Frères und Felix **Rohatyn**, ebenfalls lange in der Geschäftsführung von Lazard Frères tätig, jetzt zur Bank Rothschild & Cie. übergewechselt. Rohatyn verkörpert die Fraktion in der Demokratischen Partei der USA, die versucht, John **Kerry** davon abzubringen, eine Politik des „New Deal" nach dem Vorbild Roosevelts anzustreben, wie Lyndon **LaRouche** sie vorschlägt. Die Publicis Groupe hat übrigens gerade Roland Berger als Berater für ihre Geschäftsaktivitäten in Deutschland angeheuert – denselben Herrn Berger, den wir nicht nur von der „Auch wir sind das Volk"-Anzeige sattsam kennen.

Noch ein Blick auf Claude L. Janssen, der bei Russell Reynolds Associates auftaucht. Er ist Chef der „International Business School" INSEAD in Schloß Fontainebleau bei Paris, die mit der amerikanischen **Wharton School** of Economics verbunden ist. Im Vorstand von INSEAD sitzen Führungsleute der Bank of England, des Rohstoffkonzerns **Rio Tinto plc**, der **Deutschen Bank** sowie der drei Beratungsfirmen **McKinsey**, **Boston Consulting Group** und **Roland Berger** Consulting – schon wieder Herr Berger!

Wenn die Verfassung stört

Über Roland Berger heißt es, er sei der „Lieblingsberater" des Bundeskanzlers. Berger forderte schon 2002 in der *Zeit* parallel zum europäischen Verfassungskonvent eine „Verfassungsreform" für Deutschland. Das Grundgesetz sollte durch die dreißig „klügsten Köpfe des Landes" so verändert werden, daß auch unpopuläre Maßnahmen durchgesetzt werden könnten. So etwas hatte auch Arnulf **Baring** gefordert, der in der *Frankfurter Allgemeinen Zeitung* dazu aufrief, die „Bürger" sollten dafür „auf die Barrikaden" gehen. Wo bleibt hier eigentlich der Verfassungsschutz, der sonst peinlich genau verfassungsfeindliche Bestrebungen im Auge hat?

Kürzlich tat sich Berger vor dem **Club der Berliner Wirtschaftsjournalisten** zur Haushaltslage Berlins damit hervor, daß er ein „Konkursverfahren" für die Bundeshauptstadt und weitere drastische Sparmaßnahmen forderte. Vielleicht denkt er daran, was sein Kollege bei der Publicis Groupe, Felix Rohatyn, 1975 mit dem Konkursverfahren über New York City anrichtete. Berger ist auch daran beteiligt, das weltberühmte Berliner Krankenhaus Charité in ein „profitables Unternehmen" zu verwandeln.

Mehrere Unterzeichner der „Auch wir sind das Volk"-Anzeige haben mit dem internationalen Mediengiganten **Bertelsmann** AG (siehe auch S. 113) und der einflußreichen Bertelsmann-Stiftung (siehe auch S. 95) zu tun, die schon seit langem die „Privatisierung der Politik" in fast allen Bereichen der Innen- und Außenpolitik in Deutschland betreibt. Natürlich sitzen im Aufsichtsrat der Bertelsmann AG Vertreter internationaler Finanzinteressen, zum Beispiel Sir Peter **Job** – Non-Executive Director von **GlaxoSmithKline plc**, **Shell Transport & Trading plc**, Bank Schroeders plc und Deutsche Bank-London.

Interessant ist auch, daß drei der Unterzeichner neben ihren Verbindungen zu Bertelsmann bei **Karstadt-Quelle** engagiert sind, dessen Belegschaft jetzt um die Arbeitsplätze zittert: Dr. Günther **Thielen**, Vorstandsvorsitzender bei Bertelsmann und Vorsitzender des Kuratoriums der Bertelsmann-Stiftung, sitzt im Aufsichtsrat von Karstadt-Quelle; desgleichen Hero **Brahms**, bis vor kurzem Finanzvorstand der **Linde AG**, davor Vizepräsident der **Treuhand**, und seit August 2004 ist Brahms auch Non-Executive Chairman der französischen Großbank **Société Générale**. Ein weiterer Unterzeichner ist Thomas **Middelhoff**, der von 1998-2002 Vorstandsvorsitzender der Bertelsmann AG war und seit Juni 2004 Vorsitzender des Aufsichtsrates Karstadt-Quelle ist. Middelhoff ist auch Partner der **Investcorp International Ltd** in London und Mitglied des Vorstands der *New York Times Company*.

Auch Gerd **Schulte-Hillen**, der bis Ende 2003 Vorsitzender des Aufsichtsrates der Bertelsmann AG und stellvertretender Präsidiumsvorsitzender der Bertelsmann-Stiftung war, hat die Anzeige vom 2. Oktober unterschrieben. Schulte-Hillen ist einer der übelsten Scharfmacher gegen die Soziale Marktwirtschaft. Für das **Liberale Netzwerk** stellte er im Mai 2004 in Berlin das Manifest „Für ein besseres Deutschland" einer „Aktionsgemeinschaft Deutschland" vor. Darin findet sich die bekannte Litanei, die an die Endphase der Weimarer Republik in der Weltwirtschaftskrise der späten 20er und frühen 30er Jahre gemahnt: „Weg mit der Bevormundung durch Staat und Tarifparteien"; „Weg mit dem Flächentarifvertrag, dem Ladenschlußgesetz, den Zunftregeln im Handwerk und dem Apothekenprivileg"; „Schluß mit dem Verbot der Sonntagsarbeit"; der „Überstundenbehinderung durch gewerkschaftlich kontrollierte Betriebsräte" oder „Senkung von Steuern und Sozialaufwand".

Ein Blick auf die Mitgliederliste des Kuratoriums des Liberalen Netzwerks: Prof. Arnulf Baring, der wie erwähnt moniert, daß es im Grundgesetz keinen Art. 48 gibt, der „Notverordnungen" ermöglicht; Matthias Graf **von Krockow**, Sprecher der persönlich haftenden Gesellschafter des Bankhauses **Sal. Oppenheim jr. & Cie.**; Herbert J. **Jacobi**, Aufsichtsratsvorsitzender des Bankhauses **HSBC Trinkaus & Burkhardt**; Dr. Hans **Barbier**, Vorsitzender der **Ludwig-Erhard-Stiftung** und neoliberaler Ideologe bei der *Frankfurter Allgemeinen Zeitung.*

„Freunde" des Kanzlers?

Unter den Unterzeichnern finden sich auch Freunde, Anwälte und andere Vertraute des Bundeskanzlers. Sie wollen offensichtlich psychologischen Druck auf Schröder ausüben. Der Kanzler wird sich zwischen diesen „Freunden" und dem Gemeinwohl zu entscheiden haben.

Die deutsche Geschichte in der Weltwirtschaftskrise gegen Ende der Weimarer Republik zeigt unmißverständlich, wohin die Aushöhlung der Verfassung und eine Wirtschafts- und Sozialpolitik führt, die den Lebensstandard senkt, Sozialabbau betreibt und Deflation auslöst sowie produktive Arbeitsbeschaffung durch den Staat verhindert. Man gebe sich keinen Illusionen hin: Das Argument, die brutale Sparpolitik und die Demontage des Sozialstaates seien „ohne Alternative", führt heute ebenso in den Abgrund wie es die Brüningsche und Schachtsche Sparpolitik vor 1933 getan hat – gleichgültig, ob die Protagonisten dieser Politik von rechts oder von links kommen. Damals wurde diese Politik auch unter der Federführung internationaler Finanzkreise durchgepeitscht und die Alternative, der **Lautenbach-Plan**, durch Schacht und Montagu **Norman** von der **Bank of England** sabotiert. Dies geschah kurz vor der Amtsübernahme Franklin D. Roosevelts in den USA, der mit seinem „New Deal" eine Lösung der Weltwirtschaftsdepression – ohne Faschismus – schaffte.

Wer aus der Geschichte lernt, muß die internationale LaRouche-Bewegung und die BüSo unterstützen. Eine grundsätzliche Kehrtwende weg von der zerstörerischen Globalisierung hin zu einer geordneten Reorganisation des bankrotten Weltfinanzsystems ist notwendig. Das ist auch das Programm, mit dem die BüSo die Montagsdemonstrationen ins Leben gerufen hatte, und das jetzt im aufbrechenden Massenstreikferment in ganz Deutschland an Einfluß gewinnt. Diesmal können wir den Kampf für das Gemeinwohl und für eine gerechte neue Weltwirtschaftsordnung gewinnen!

Elke Fimmen

In der gegenwärtigen Weltfinanzkrise und der Depression der Realwirtschaft geht es um eine simple Frage: Was kommt zuerst – die oligarchischen Finanzinteressen, welche die Krise auf Kosten der Bevölkerung „bewältigen" wollen, oder das Gemeinwohlprinzip, das souveräne Regierungen verpflichtet, für die ihnen anvertrauten Menschen zu sorgen? Angesichts dieses unüberbrückbaren Interessenskonflikts wurde ein gigantischer Propagandaapparat geschaffen, um der Bevölkerung eine Politik aufzuschwatzen, die ihren ureigensten Interessen widerspricht. Eine besondere Rolle in diesem Propagandaapparat spielt der ehemalige Bundesbankpräsident Hans Tietmeyer.

Was bezweckt Tietmeyers „Initiative Neue Soziale Marktwirtschaft"?

Zu den Organisationen, die zum „radikalen Umbau" Deutschlands aufrufen, gehören die „Initiative Neue Soziale Marktwirtschaft" (INSM) und der „Bürgerkonvent". Wer steckt hinter diesen offensichtlich finanziell gut ausgestatteten Vereinigungen und ihrer vielfältigen Propagandatätigkeit für die Demontage Deutschlands als Industrienation und für die Zerstörung des einst vorbildlichen deutschen Sozialstaats?

Beginnen wir mit dem Kuratoriumsvorsitzenden der INSM – **Hans Tietmeyer.** Als Bundesbankpräsident von 1993-1999 war er maßgeblich an der Durchsetzung der unseligen „Stabilitätskriterien" beteiligt, die in ganz Europa eine Spirale verheerender Sparpolitik in Gang setzten. Und im Fall Argentiniens wirkte Tietmeyer an prominenter Stelle bei der Schuldeneintreibungspolitik des Internationalen Währungsfonds (IWF) im Interesse der Privat-

Als Bundesbankpräsident von 1993-1999 war Tietmeyer maßgeblich an der Durchsetzung der unseligen „Stabilitätskriterien" beteiligt, die in ganz Europa eine Spirale verheerender Sparpolitik in Gang setzten.

gläubiger mit. Dabei wurde dieses einst reichste Land Iberoamerikas buchstäblich ins Elend gestoßen. Ein ähnliches Schicksal wartet auf Deutschland und Europa, wenn die gegenwärtige „Maastricht"-Sparpolitik fortgeführt wird.

Eine „wirtschaftliche Kulturrevolution"

Das genau fordert die im Oktober 2000 gegründete INSM unter Verweis auf angebliche „Sachzwänge" der „veränderten Rahmenbedingungen der Globalisierung". Die Schlagworte der INSM und ihres führenden Repräsentanten Tietmeyer heißen: „Eigeninitiative, Leistungsbereitschaft, Wettbewerb". Unter den veränderten Bedingungen der Finanzglobalisierung brauche man eine „neue" Variante des Kapitalismus – eben die „neue soziale Marktwirtschaft". Nur, sozial ist daran nichts mehr, es geht der INSM nämlich um die als „Reform" getarnte Zerschlagung des bewährten deutschen Sozial- und Wirtschaftssystems.

Dafür setzt die **INSM** eine Liste von Propagandaschlagworten ein, die gebetsmühlenartig wiederholt wird: „Ballast abwerfen"; „festgefahrene Strukturen im Wirtschafts- und Sozialsystem aufbrechen"; „Konzentration des Staates auf seine ‚Kernkompetenzen'"; oder „sozial ist, was Jobs schafft". Wobei keine Rede davon ist, wie diese „Jobs" dann aussehen und zu welchen Bedingungen die Menschen arbeiten müßten.

Das Credo der INSM lautet „Flexibilität" – in bezug auf Arbeitszeit, Arbeitsbedingungen und Entlohnung. „Bürokratische Hindernisse" im Arbeits-, Sozial-, und Tarifrecht sollen beseitigt werden. Durch „weniger Bürokratie" sollen „neue Freiräume für Eigeninitiative" von Bürgern und Unternehmen entstehen. Auch für den Bereich der Bildung müsse gelten: „Mehr Wettbewerb, mehr Effizienz und Tempo".

Die INSM sieht sich als eine „branchen- und parteiübergreifende Plattform". Offiziell getragen wird die INSM von den Arbeitgeberverbänden der Metall- und Elektroindustrie, weitere führende Wirtschaftsverbände unterstützen sie. „Wissenschaftlich begleitet" wird die INSM durch das „Institut der Deutschen Wirtschaft" in Köln – einem Ableger des Arbeitgeberverbandes.

Hans Tietmeyer als Kuratoriumsvorsitzender der INSM wird nicht müde zu betonen, daß die bisherigen „Reformen" in Deutschland nicht ausreichten: Bei der Gesundheitsreform brauche man „mehr Wettbewerb" auf der Anbieterseite, was gegen die öffentlichen Krankenversicherungsträger gerichtet ist. Die Pflegeversicherung müsse um eine „kapitalgedeckte Säule ergänzt werden", und die gesetzliche Rentenversicherung müsse weiter privatisiert werden.

Bei der letzten „Ludwig Erhard Lecture" der INSM im Oktober 2004 dozierte der geistesverwandte, „aufgeklärte

Neoliberale" **Lord Ralf Dahrendorf** vor 400 Gästen in der Berliner Repräsentanz der Deutschen Telekom. Dahrendorf, Mitglied des britischen Oberhauses, verkündete, das System der sozialen Sicherung in Deutschland überfordere den Steuerzahler und müsse grundlegend „reformiert" werden. Für ihn hat die „alte soziale Marktwirtschaft ausgedient". Der Lord offerierte statt dessen Worthülsen wie „hohes Maß an individueller Wahl- und Entscheidungsfreiheit" für die Bürger. Was das wohl für die vielen Mitarbeiter der Telekom bedeuten mag, deren künftige Pensionsansprüche gerade in abenteuerlicher Weise zum Spielball kurzfristiger Liquiditätsaktionen der Bundesregierung geworden sind?

Parallelen zu den 30er Jahren

Modus operandi und Programmatik der INSM erinnern fatal an die frühen 30er Jahre, als der „liberale" **Hjalmar Schacht** in der deutschen Industrie und Finanzwelt die Kreise zusammentrommelte, die gegen den damaligen Ausweg aus der Wirtschaftsdepression – den „Lautenbach-Plan" – mobil machten (siehe „Schacht und die BIZ", Seite 49). Heute geht es um genau dieselbe Alternative: Ausweg aus der Weltwirtschaftskrise durch dirigistische Politik der Regierungen im Sinne des Gemeinwohls, oder aber eine brutale Sparpolitik mit der Senkung des Lebensstandards. Letztere wird die entsprechenden politischen Konsequenzen haben – wie damals mit dem Faschismus.

Nicht ganz zufällig befindet sich unter den „Botschaftern" der INSM **Prof. Arnulf Baring**, der sich mit seinen Forderungen nach „Notverordnungen" in Zeiten der Wirtschaftskrise hervorgetan hat und das Grundgesetz entsprechend geändert sehen will. Hier nähert man sich bereits gefährlich dem Instrumentarium der 30er Jahre.

Eine nähere Betrachtung der Person und Aktivitäten

Hans Tietmeyers weist auf weitere fatale Parallelen der gegenwärtigen Krisenlage und der frühen 30er Jahre hin, was selbst Altbundeskanzler **Helmut Schmidt** aufgefallen ist. In *Die Zeit* vom 8. November 1996 veröffentlichte Schmidt einen *Offenen Brief an Hans Tietmeyer*, darin heißt es: „Hat uns 1930/31/32 nicht schon einmal eine Leitung der Reichsbank, Ihre Vorgängerin, wegen monomaner deflationistischer Ideologie ins Unglück massenhafter Arbeitslosigkeit gestürzt, mit grauenhaften politischen Folgen?"

Vom „Lambsdorff-Papier" zum „Stabilitätspakt"

Geboren 1931 im westfälischen Metelen, studierte Tietmeyer zunächst Katholische Theologie, dann Wirtschafts- und Sozialwissenschaften an den Universitäten Münster, Bonn, und Köln. Nach seiner Promotion 1960 arbeitete er zunächst in der kirchlichen Verwaltung. 1962 wurde Tietmeyer Referent im Bundeswirtschaftsministerium. Ab 1967 wurde er dort Leiter der Grundsatzabteilung unter dem damaligen Wirtschaftsminister Karl Schiller, und schließlich ab 1973 Leiter der Abteilung Wirtschaftspolitik.

Ab 1977 war der damalige Wirtschaftsminister **Graf Lambsdorff** ein Förderer Tietmeyers. Als Ko-Autor des berüchtigten „Lambsdorff-Papiers" hatte Tietmeyer 1982 wesentlichen Anteil an der Auflösung der sozialliberalen Regierungskoalition unter Bundeskanzler Helmut Schmidt. In der *Zeit* vom 8. November 1996 charakterisierte Helmut Schmidt das neoliberale „Lambsdorff-Papier" so: „Lambsdorff wollte eine Abwendung vom demokratischen Sozialstaat im Sinne des Art. 20 unseres Grundgesetzes und eine Hinwendung zur Ellbogengesellschaft".

Diese wirtschaftspolitische „Umprogrammierung" Deutschlands, an der Tietmeyer aktiv beteiligt war, erfolgte zeitgleich mit der wirtschaftlichen und sozialen

„Schocktherapie" unter **Margaret Thatcher** in England und der Deregulierung der US-Wirtschaft – nach dem Hochzinsschock der amerikanischen Notenbank 1979 unter Paul Volcker – während der Regierungszeit Ronald Reagans. Als Wirtschaftsminister von 1977-84 und danach als europäischer Vorsitzender der Trilateralen Kommission tat sich **Graf Lambsdorff** darin hervor, Monetarismus und Deregulierung in Deutschland voranzutreiben, und den Sozialstaat und staatlichen Dirigismus zu bekämpfen.

Ab 1982 als Staatssekretär im Bundesfinanzministerium war Tietmeyer für Grundsatzfragen der Finanz- und Währungspolitik sowie für Fragen der Europäischen Gemeinschaft zuständig. 1988 schlug ein Anschlagsversuch der „RAF" auf ihn, der mit seiner Tätigkeit als Delegierter bei IWF und Weltbank begründet wurde, fehl. Schließlich spielte Tietmeyer nach 1989 eine führende Rolle bei den Verhandlungen für den Einigungsvertrag zwischen der Bundesrepublik und der DDR. 1990 wechselte er ins Direktorium der Deutschen Bundesbank, wurde 1991 deren Vizepräsident und schließlich von 1993-99 Bundesbankpräsident.

Europa der Banken und Kartelle

Zwischen 1990 und 1999 spielte Tietmeyer in der EU-Politik eine entscheidende Rolle: bei den Verhandlungen über den Maastrichter Vertrag, der Deutschland aus geopolitischen Gründen nach der Wiedervereinigung aufgezwungen wurde, und bei dessen Umsetzung. Der im Februar 1992 unterzeichnete Maastrichter Vertrag war an sich schon schlimm genug, denn er beraubte Deutschland und die anderen europäischen Staaten weitgehend ihrer Souveränität in der Wirtschafts- und Finanzpolitik, und es wurde eine supranationale und „unabhängige" Europäische Zentralbank geschaffen.

Initiative Neue Soziale Marktwirtschaft

Kuratoren

Vorsitzender: Prof. Dr. Hans Tietmeyer

Prof. Dr. Michael Hampe, Intendant, Regisseur, Schauspieler

Prof. Dr. Michael Hüther, Direktor, Präsidiumsmitglied Institut Deutsche Wirtschaft (IDW), Köln

Martin Kannegiesser, Präsident Arbeitgeberverband Gesamtmetall

Oswald Metzger, Finanzexperte Die Grünen

Randolf Rodenstock, Vors. AR Rodenstock GmbH

Dr. Hans-Dietrich Winkhaus, Präsident IDW, Köln

Botschafter

Prof. Dr. Hans-Wolfgang Arndt, Rektor Uni Mannheim

Dr. Hans D. Barbier, Wirtschaftspublizist, Vorsitzender Ludwig-Erhard-Stiftung, Bonn

Prof. Dr. Arnulf Baring, Politikwissenschaftler, Historiker, Publizist

Prof. Roland Berger, internationaler Unternehmensberater

Univ.-Prof. Dr. Christoph Burmann, Lehrstuhlinhaber Stiftungslehrstuhl Allg. Betriebswirtschaftslehre, ins. Innovatives Markenmanagement, Uni Bremen

Prof. Dr. Jürgen B. Donges, Prof. für Wissenschaftl. Staatswissenschaften Uni Köln, Direktor Institut für Wirtschaftspolitik

Dominique Döttling, Geschäftsführende Gesellschafterin Döttling & Partner Beratungsges. mbH, Uhingen

Marie-Luise Dött, MdB (CDU), Vorsitzende Bund Katholischer Unternehmer (BKU)

Prof. Dr. Johann Eekhoff, Staatssekretär a.D., Wirtschaftspolitisches Seminar Uni Köln

Dr. Michael Eilfort, Vorstand Stiftung Marktwirtschaft/Frankfurter Institut

Dr. habil. Lüder Gerken, Vorstand Friedrich-August von Hayek-Stiftung

Prof. Dr. Peter Glotz, Prof. f. Medien u. Gesellschaft, Universität St. Gallen

Prof. Dr. Paul Kirchhof, Prof. f. öffentliches Recht Ruprecht-Karls-Universität Heidelberg

Dr. Silvana Koch-Mehring, Mitglied Europaparlament und FDP-Bundesvorstand, Vors. Auslandsgruppe Europa FDP, Brüssel

Siegmar Mosdorf, Parlamentarischer Staatssekretär a.D.

Dr. Arend Oetker, Unternehmer, Präsident Stifterverband Deutsche Wissenschaft, Vizepräsident BDI

Prof. Dr. Karl-Heinz Paque, Finanzminister Sachsen-Anhalt, stellv. Landesvorsitzender FDP Sachsen-Anhalt, Mitglied Bundesvorstand FDP

Professor Dr. Rolf Peffekoven, Direktor Institut Finanzwissenschaft Joh.-Gutenberg-Univ. Mainz

Arndt Rautenberg, Leiter Konzernstrategie und -politik der Deutsche Telekom AG

Christine Scheel, Vorsitzende Finanzausschuß Bundestag, Finanzpolitische Sprecherin Bundestagsfraktion Bündnis 90/Die Grünen

Prof. Dr.-Ing. Dagmar Schipanski, Präsidentin des Thüringer Landtags (CDU)

Dr. Nikolaus Schweickart, Vorstandsvors. ALTANA AG

Prof. Dr.h.c. Lothar Späth, Vors. AR JENOPTIK AG

Erwin Staudt, Präsident VfB Stuttgart

Prof. Dr. Ulrich van Suntum, GF Direktor Centrum für Angewandte Wirtschaftsforschung Münster (CAWM), Uni Münster

Carl-Ludwig Thiele, MdB (FDP), stellv. Vors. Finanzausschuß Bundestag

Gunnar Uldall, Senator (CDU), Präses Wirtschaftsbehörde Hamburg

Unterstützer

Ulrich Dietz, Vors. Vorstand GFT AG

Florian Gerster, ehem. Vors. BA

Jennifer Neumann, Vorstandsvorsitzende Canto AG

Eva Mayr-Stihl, stellv. Vorstandsvorsitzende Andreas Stihl AG & Co, Waiblingen

Hans Tietmeyer spielte, zusammen mit dem damaligen Finanzminister **Theo Waigel**, eine Schlüsselrolle dabei, den Maastrichter Vertrag mit dem sogenannten „Stabilitätspakt" von 1997 noch weiter zu verschärfen. Der „Stabilitätspakt" legte fest, daß die öffentliche Gesamtverschuldung eines Landes nicht höher als 60% des BSP und das jährliche Haushaltsdefizit nicht höher als 3% BSP liegen dürfen. Diese willkürlichen Bedingungen wurden als Voraussetzung für die Beteiligung an der gemeinsamen Euro-Währung festgesetzt.

Tietmeyer wollte darüber hinaus eine schnellstmögliche politische Union Europas, um die mit den „Stabilitätspakt"-Kriterien notwendig gewordenen, einschneidenden Sparmaßnahmen in den EU-Mitgliedsländern auch wirklich „effektiv" durchsetzen zu können. Diese Zielsetzung wird heute unter dem Schlagwort „Economic Governance" der EU vorangetrieben. Damit soll eine supranationale politische Entscheidungsinstanz für Europa geschaffen und die Souveränität der EU-Mitgliedsstaaten endgültig zur Makulatur gemacht werden. Statt repräsentativer Regierungen kooperierender Nationalstaaten sollen in der EU letztlich nur noch mächtige private Finanz- und Wirtschaftsinteressen – im Namen „ökonomischer Sachzwänge" – politisch das Sagen haben. Das wäre dann das „postmoderne EU-Empire", von dem der britische Ideologe **Robert Cooper** zu schwärmen pflegt.

Tietmeyer und Theo Waigel, der nebenbei bemerkt heute als Lobbyist für Schweizer Banken in Berlin tätig ist, lag insbesondere das „Primat der Unabhängigkeit" der neugeschaffenen Europäischen Zentralbank (EZB) und der weiterbestehenden nationalen Zentralbanken am Herzen. Das sagte der erste EZB-Chef **Wim Duisenberg** ganz ausdrücklich in seiner Laudatio für Tietmeyer und Waigel, als beide 2003 mit dem Hermann-Ehlers-Preis ausgezeichnet wurden. Die angebliche „Unabhängigkeit" der Zentralbanken ist der entscheidende Kontrollmechanismus privater Finanzinteressen, der in der neueren Geschichte Europas immer als Machtinstrument gegen eine am Gemeinwohl orientierte Wirtschaftspolitik souveräner Regierungen eingesetzt wurde. Vor allem die Möglichkeit der produktiven, nicht-inflationären Kreditschöpfung des Staates, die in der amerikanischen Verfassung festgeschrieben ist, wurde als Mittel der Gestaltung von Wirtschafts- und Finanzpolitik durch „Maastricht" ausgeschaltet.

Tietmeyer spielte bei der Ausarbeitung der Satzung der „unabhängigen" Europäischen Zentralbank eine entscheidende Rolle. Während im Grundgesetz über die „Unabhängigkeit" der Bundesbank kein Wort steht, ist die „Unabhängigkeit" der EZB in einer Grundgesetzergänzung in den 90er Jahren ausdrücklich erwähnt.

Helmut Schmidt greift Tietmeyer an

Die BüSo hat von Anfang an „Maastricht" und den „Stabilitätspakt" vehement abgelehnt und ihre geopolitischen Hintergründe und katastrophalen wirtschaftlichen Folgen offengelegt. Interessanterweise hat auch der frühere Bundeskanzler **Helmut Schmidt**, obwohl selbst ein energischer Befürworter der Einführung des Euro, den „Stabilitätspakt" und Hans Tietmeyer persönlich scharf angegriffen. In dem erwähnten *Offenen Brief an Hans Tietmeyer* wirft Schmidt diesem vor, die willkürlichen, niemals begründeten, aber von Tietmeyer als „absolut bindend" deklarierten Defizit- und Verschuldungskriterien stünden im eklatanten Gegensatz zur – von Schmidt unterstützten – Europäischen Währungsunion wie auch zum Auftrag der Bundesbank.

Schmidt weist außerdem auf Tietmeyers Verantwortung für die Zerstörung des „Europäischen Währungssystems"

(EWS) hin, das von 1979 bis 1992 gut funktionierte. Die Bundesbank, deren Direktoriumsmitglied Tietmeyer ab 1990 war, hatte nach der expansiven Geldpolitik der Wiedervereinigung Deutschlands einen Kurs der Hochzinspolitik eingeschlagen, sich dann aber geweigert, der dadurch notwendigen Anhebung des D-Mark-Wechselkurses im EWS zuzustimmen. Statt dessen wurde das EWS „total verwässert", indem die Bandbreiten für Wechselkursschwankungen um das Sechsfache auf 15% erweitert wurden. Internationale Spekulanten wie George Soros taten ein übriges mit ihren gezielten Spekulationsattacken auf das britische Pfund und die italienische Lira. Damit waren das EWS und seine international akzeptierte Verrechnungseinheit ECU faktisch am Ende.

Was Schmidt nicht sagt, ist, daß die gezielte Zerstörung des EWS überhaupt erst den Weg für die Einführung des supranationalen Euro und für die Kontrolle supranationaler Finanzkreise über die Währungs- und Wirtschaftspolitik der EU-Staaten mittels der „unabhängigen" Europäischen Zentralbank freimachte.

Die Bundesbank sei „kein Staat im Staat", schreibt Schmidt weiter, sondern nach Paragraph 12 des Bundesbankgesetzes verpflichtet, die „allgemeine Wirtschaftspolitik der Bundesregierung zu unterstützen". Die Bundesbank tue das Gegenteil: Indem sie ständig Haushalts- und Sozialkürzungen verlange, bringe sie die deutsche Wirtschaft in Gefahr. Interessanterweise verweist Schmidt eindringlich auf die Gültigkeit des Stabilitäts- und Wachstumsgesetzes von 1967, das auch für die Bundesbank bindend sei. Die BüSo besteht seit langem darauf, daß die Handlungsverpflichtungen des Stabilitäts- und Wachstumsgesetzes zur Anwendung kommen.

Helmut Schmidt machte 1996 vor allem die andauernde Hochzinspolitik der Bundesbank unter Tietmeyer und die damit verbundene Aufwertung der D-Mark für den Anstieg der deutschen Lohnkosten verantwortlich. Dies sei auch der Grund für die „von einigen deutschen Industriemanagern vom Zaun gebrochene Standortdebatte". Wegen der Hochzinspolitik der Bundesbank unter Tietmeyer und der D-Mark-Aufwertung, was mit Hinweis auf die D-Mark als „starke Ankerwährung" verkauft werde, seien „ganze Branchen der deutschen Industrie verschwunden" und würden immer mehr Arbeitsplätze nach Osteuropa und Asien verlagert werden. Schmidt endet mit dem oben erwähnten dramatischen Hinweis auf die „deflationistische Ideologie" der frühen 30er Jahre und ihren „grauenhaften politischen Folgen".

Tietmeyer, BIZ und Lazard Frères

Mit dem Ausscheiden als Bundesbankpräsident 1999 endete Tietmeyers Karriere keineswegs. Seine Aktivitäten bei der „Initiative Neue Soziale Marktwirtschaft" haben wir bereits beschrieben. Im März 2004 übernahm Tietmeyer auch den Vorsitz im Aufsichtsrat und Aktionärsausschuß der Hauck & Aufhäuser Privatbankiers KgaA.

Aber viel interessanter ist, daß **Hans Tietmeyer** im Juni 2003 zum Vizepräsidenten der **Bank für Internationalen Zahlungsausgleich** berufen wurde (siehe Seite 49). Offensichtlich bleiben seine Erfahrungen – von „Lambsdorff-Papier" bis zum „Stabilitätspakt" – in der internationalen Finanzelite sehr gefragt.

Im Juli 2003 wurde Tietmeyer Mitglied im Beirat der Investmentfirma **Lazard Frères** Deutschland, deren Chef **John Kornblum** früher amerikanischer Botschafter in Deutschland war. Lazard Frères ist eines der wichtigsten internationalen Investmenthäuser und auf dem Feld der lukrativen Vermittlung von Firmenzusammenschlüssen und Übernahmen die Nr. 1 in Europa. Lazard Frères spielte in den 30er und 40er Jahren, neben Banken wie der Banque Worms, eine wichtige Rolle in der synarchistischen Bewegung führender Finanzkreise Europas – des vom Faschismus beherrschten Europa.

Auch heutzutage entfaltet Lazard Frères in Deutschland merkwürdige Aktivitäten. Anfang dieses Jahres kam Lazard Frères in die Schlagzeilen, als es von der fast bankrotten Stadt Stralsund beauftragt wurde, die Voraussetzungen für den Verkauf der Stadtsparkasse zu schaffen. Das war ein Pilotprojekt für die Privatisierung öffentlicher Banken. Es sollte offensichtlich ein Präzedenzfall geschaffen werden, um die öffentliche Finanzwirtschaft in Deutschland zu kippen. Glücklicherweise konnte die Privatisierung der Stralsunder Sparkasse aufgrund massiven öffentlichen Protests fürs erste abgewendet werden.

Aber ähnliche Vorstöße tauchen allenthalben wieder auf. Die CDU in Nordrhein-Westfalen schlug erst kürzlich die Privatisierung der Sparkassen vor. Gibt es da vielleicht eine Verbindung zu Hans Tietmeyer? Seit 2000 ist Tietmeyer Präsident des **European Center for Financial Services** an der Universität Duisburg. Dieses „Center" gehört der **Gesellschaft zur Förderung der Kredit- und Geldwirtschaftlichen Forschungsstellen** an, in deren Kuratorium hochrangige Vertreter der nordrhein-westfälischen Sparkassen- und Giroverbandes sitzen.

In jüngster Zeit machte das Finanzhaus Lazard Frères auch bei den Umschuldungsverhandlungen Argentiniens von sich reden. Und bei den Umschuldungsverhandlungen Argentiniens ist auch Herr Tietmeyer aktiv. Seit Juli 2002 ist er Mitglied einer den IWF beratenden „Expertenkomission" über die Finanzlage Argentiniens. Im September 2002 erklärte Tietmeyer nach seiner Rückkehr aus Argentinien in einem Interview mit *Welt online* kaltschnäuzig: „Argentinien ist in die Bedeutungslosigkeit abgerutscht – und zwar selbstverschuldet und wahrscheinlich für immer." Natürlich betonte er die „Notwendigkeit" einer „unabhängigen" Zentralbank in Argentinien. Im Mai 2003 berichtet die **Deutsche Schutzvereinigung für Wertpapierbesitz e.V.** über eine „irische Zweckgesellschaft", die **Argentine Bond Restructuring Agency PLC** (ABRA), die Argentinien-Anleihen von Privatanlegern einsammeln und im Tausch dafür Zertifikate ausgeben soll. Überwacht werde der Umtauschprozeß von einem „internationalen Fachkomitee unter Leitung von Hans Tietmeyer".

Entsprechende Erfahrungen hatte Tietmeyer schon 1982 sammeln können. Damals war er als Vertreter des Bundeswirtschaftsministeriums und als Vertreter der Bundesrepublik bei der OECD an der „Lösung" der mexikanischen Schuldenkrise beteiligt.

Nach Gesprächen mit dem damaligen Präsidenten Mexikos **José Lopez Portillo** hatte **LaRouche** 1982 den Plan „Operation Juarez" ausgearbeitet. Er sah erstens ein Schuldenmoratorium für Mexiko und andere hochverschuldete Entwicklungsländer vor. Zweitens sollte die Schuldenfrage als Hebel benutzt werden, um eine Reform des internationalen Finanz- und Wirtschaftssystems – in Richtung auf eine „neue, gerechte Weltwirtschaftsordnung" – durchzusetzen. Lopez Portillo hatte zunächst die von LaRouche vorgeschlagenen Schutzmaßnahmen – Moratorium und Kapitalverkehrskontrollen – eingeführt, wurde dann aber aufgrund massiven Drucks durch die internationalen Finanzinstitutionen auf Mexiko und die anderen lateinamerikanischen Länder isoliert und zur Aufgabe gezwungen. So wurde die ganz reale Chance einer gerechten neuen Weltwirtschaftsordnung kaputtgemacht. Und seither hat sich die Krise der Weltwirtschaft und das Überschuldungsproblem mit jedem Jahr weiter verschärft.

Wirtschaft und Moral

In der gegenwärtigen Zusammenbruchsphase des weltweiten Finanzsystems und der Depression der Realwirtschaft geht es um eine simple Frage: Was kommt zuerst – die oligarchischen Finanzinteressen oder das Gemeinwohlprinzip, das souveräne Regierungen verpflichtet, für die ihnen anvertrauten Menschen zu sorgen? Das Gemeinwohlprinzip ist auch Grundlage der katholischen Soziallehre, wie sie insbesondere von **Papst Johannes Paul II.** vertreten wird. Daß Hans **Tietmeyer** – trotz seiner neoliberalen und damit der katholischen Soziallehre fundamental entgegengesetzten Ideologie – 1992 zum Mitglied der Päpstlichen Akademie der Wissenschaften ernannt wurde, ist ein Skandal. Er ist nur mit dem Einfluß mächtiger Finanzinteressen und alter oligarchischer Familien in der römischen Kurie zu erklären.

Auch **Lyndon LaRouche** als Wirtschaftswissenschaftler und Kämpfer für eine neue gerechte Weltwirtschaftsordnung war damals für die Päpstliche Akademie der Wissenschaften vorgeschlagen worden. Dies wurde von denselben Kräften verhindert, die Tietmeyer in die Päpstliche Akademie hievten. Seither hat sich die wirtschaftliche und soziale Lage der allermeisten Menschen weiter verschlechtert. Angesichts von sinkendem Lebensstandard und Massenarbeitslosigkeit richtet sich die synarchistische Finanzoligarchie darauf ein, die Option eines neuen Faschismus in die Tat umzusetzen. Das können wir nicht hinnehmen. Das Gebot der Stunde lautet, das Prinzip des Gemeinwohls sowie der Zusammenarbeit souveräner Nationen für eine neue gerechte Weltwirtschaftsordnung in die Tat umzusetzen. Dafür kämpft die BüSo in Deutschland, gemeinsam mit der internationalen LaRouche-Bewegung. Machen Sie mit!

Elke Fimmen

Ein Paradebeispiel dafür, wie die synarchistischen Finanzkreise in Zeiten einer finanziellen Zusammenbruchskrise wie der heutigen vorgehen, ist die Rolle des früheren Reichsbankpräsidenten Hjalmar Schacht bei der Machtergreifung der Nazis 1933 und der von Schacht mitgegründeten Bank für Internationalen Zahlungsausgleich. Sie diente dem Dritten Reich als Schnittstelle zur anglo-amerikanischen Finanzwelt und ermöglichte den Nazis wichtige Rüstungsimporte. Die BIZ wurde nach Kriegsende jedoch nicht, wie Roosevelt und seine Mitarbeiter planten, liquidiert. Ihre Leiter wurden nach dem Krieg auch nicht zur Verantwortung gezogen, viele konnten sogar noch Karriere machen.

Hjalmar Schacht und die Bank für Internationalen Zahlungsausgleich

Hitlers Aufstieg zur Macht ist eng verknüpft mit dem Namen Hjalmar Horace Greeley **Schacht**. Sowohl vor als auch während der Nazizeit war er der ranghöchste Repräsentant Deutschlands auf Konferenzen der internationalen Hochfinanz. Neben seiner engen Verbindung mit der Familie des Bankhauses **J.P. Morgan**, die er bereits 1905 während seiner ersten Reise in die USA kennen lernte, unterhielt er ebenso enge Verbindung zu den Brüdern **Dulles**, insbesondere zu John Foster Dulles, der für die US-Regierung an den Versailler Verhandlungen als Berater teilnahm und den Schacht zu Beginn der 20er Jahre in Berlin kennen gelernt hatte, als Dulles Angehöriger der dortigen US-Botschaft war.

1923 von Finanzminister **Luther** zum Reichswährungskommissar mit „diktatorischen" Vollmachten und am 22. November 1923 zum Reichsbankpräsidenten ernannt,

Am Tisch, dem Fotografen zugewandt, von links: Dr. Breitscheid, Finanzminister Dr. Hilferding, Graf Zech, Schacht.

führte Schacht ein „drakonisches" Sparprogramm durch – so drakonisch, daß dieses im Kontext der sich entwickelnden Weltfinanzkrise den Weg der **Nationalsozialisten** an die Macht ebnete. Das amerikanische Magazin *Fortnightly News* schrieb am 1. August 1924 in einem Artikel über Schacht anerkennend, dieser sei Deutschlands prominentester Mann, „nicht nur zu Hause, sondern auch bei den internationalen Verhandlungen. Er ist der einzige Deutsche, dem die britische und amerikanische Finanzwelt Glauben schenkt."

Im Februar 1929 traf sich Schacht anläßlich einer internationalen Konferenz in Paris mit Owen Young, John Pierport **Morgan**, sowie Vertretern aus Großbritannien, Italien, Frankreich und Japan. Im Mittelpunkt der Verhandlungen stand die Frage der deutschen Reparationen, (113

Milliarden Reichsmark), die an die Gläubiger zu zahlen sich Deutschland 1919 im Rahmen des Versailler Vertrages verpflichtet hatte.

Am 7. Juni 1929 akzeptierte Schacht den Young-Plan. Er sah die Gründung einer neuen Institution, der **Bank für Internationalen Zahlungsausgleich** (BIZ) vor. An diese Bank sollte Deutschland jedes Jahr bis zum Jahre 1988 Jahresraten entrichten. Schacht nannte sie, wie der Biograph John **Weitz** in seinem Buch „Hitlers Bankier Hjalmar Schacht" (Europa Verlag) anmerkt, „meine Bank für Internationalen Zahlungsausgleich". Im Oktober 1929 fand dann in Baden-Baden eine Konferenz des Verwaltungsrats der BIZ statt.

Wenige Tage danach, am 29. Oktober 1929, kam es zum Börsenkrach in New York. Am 12. Januar 1930 erklärten die Gläubigerbanken in Den Haag, daß Zusätze zum Young-Plan nötig wären, u.a. Sanktionen, wenn Deutschland seine Zahlungen nicht erfüllen würde. Damals reichte Schacht seinen Rücktritt als Reichsbankpräsident ein. Er trat jedoch nicht von der Bühne ab, sondern faßte den Plan, den Nationalsozialisten an die Macht zu verhelfen.

Im Dezember 1930 lernte Schacht bei einem Abendessen im Hause seines alten Freundes Georg **von Strauß** – ein Vorstandsmitglied der **Deutschen Bank** – Hermann **Göring** kennen. Dieser Bekanntschaft folgte ein Abendessen bei den Görings am 5. Januar 1931 mit Hitler. Schacht war gebannt von Hitler, dessen *Mein Kampf* er im selben Jahr während einer Überfahrt auf dem Schiff in die USA begeistert gelesen hatte. Über den Eindruck, den Hitler auf ihn machte, schrieb er später in seinen Memoiren:

„Was mir Eindruck machte, war die absolute Überzeugung des Mannes von der Richtigkeit seiner Auffassungen und die Entschlossenheit, diesen Auffassungen praktische Geltung zu verschaffen." Schacht betrachtete Hitler als einen „echten Fanatiker“ und „geborenen Agitator“, und verwies Hitler, so dokumentiert es der Schacht-Biograph Weitz, „an den Wirtschaftsjournalisten **Funk**, der später Hitler die Wirtschaftsprinzipien erklärte.“ In den darauffolgenden Wochen drängte Schacht Reichskanzler **Brüning** und andere Politiker immer wieder, die Nazis baldmöglichst in die Regierungskoalition hineinzunehmen. Er beharrte darauf, daß nur auf diesem Wege ein totaler Übergang der Macht in die Hände dieser radikalen Rechtsbewegung vermeidbar sei und versuchte, die Regierungsvertreter davon zu überzeugen, daß eine Regierungsbeteiligung der Nationalsozialisten eine Chance sei, sie „in geordnete Bahnen zu lenken.“

Brüning regierte damals mit Art. 48 der Weimarer Verfassung. Danach kann der Reichspräsident, „wenn im Deutschen Reiche die öffentliche Sicherheit und Ordnung erheblich gestört oder gefährdet wird, die zur Wiederherstellung der öffentlichen Sicherheit und Ordnung nötigen Maßnahmen treffen, erforderlichenfalls mit Hilfe der bewaffneten Macht einschreiten. Zu diesem Zwecke darf er vorübergehend die in den Artikeln 114, 115, 117, 118, 123, 124 und 153 festgesetzten Grundrechte ganz oder zum Teil außer Kraft setzen.“

Im Frühjahr 1931 wurde Schacht gemäß einem Artikel der *New York Times* vom 5. März 1931 von der amerikanischen Journalistin Dorothy **Thompson** gefragt, „wer denn bei den Nazis Wirtschafts- und Finanzpolitik und Steuern kenne?“ Schacht antwortete: „Ich!... Nein, die Nazis können nicht regieren, aber ich kann durch sie regieren.“

Im Juni 1932 wurde **von Papen** Reichskanzler mit dem „Kabinett der Barone.“ Eine Notverordnung folgte nach der anderen. Am 29. August 1932 versicherte Schacht Hitler brieflich „seiner unveränderlichen Sympathie.“ Er riet ihm dringend, sich in der Wirtschaftspolitik nicht festzulegen. Sein Schlußsatz lautete: „Sie können auf mich zählen als ihren zuverlässigen Helfer.“ Den Brief unterschrieb er mit Heil Hitler. Am 4. Januar 1933 fand dann im Haus des Kölner Bankiers Kurt **von Schroeder** ein Treffen zwischen von Papen und Hitler statt, das den Weg Hitlers zur Macht endgültig ebnen sollte.

Am 30. Januar 1933 wurde **Hitler** Reichskanzler. Am 17. März 1933 trat Schacht erneut das Amt des Reichsbankpräsidenten an – er habe dies getan „einzig und allein aus brennendem Interesse für die Wohlfahrt der breiten Masse unseres Volkes“, sagte er damals. Zu diesem Zeitpunkt waren von 65 Millionen Deutschen 6,5 Millionen arbeitslos.

Im April 1933 berichtete die amerikanische Zeitschrift *New Business Week*: „In Geschäftskreisen wird allgemein angenommen, daß Dr. Schacht, der neue Präsident der **Reichsbank**, weitgehend für die Gestaltung dieses Programms (der Reichsregierung) verantwortlich ist, und daß er in Anbetracht seiner generellen Einigkeit mit Hitler bei der Formulierung der Wirtschafts- und Finanzpolitik der Reichsregierung eine führende Rolle spielen wird.“

Schacht wollte, so berichtet es der Biograph Weitz, absolut freie Hand von Hitler haben. „Einige Maßnahmen würden so radikal, daß sie sich nur mit der Unterstützung eines Diktators durchführen ließen, der dafür sorgte, daß die Partei sich nicht einmischt, daß das Kabinett keine Schwierigkeiten machte und daß die Banken keine Einwände erhoben und die Presse keine Kritik übte“, schreibt Weitz.

Die BIZ

Fast zeitgleich mit dem Entschluß **Hjalmar Schachts**, sich für die Machtübernahme der Nationalsozialisten einzusetzen, fand die Gründung der BIZ statt – der Bank für Internationalen Zahlungsausgleich. Es handelt sich um *das* Zentrum der Finanzoligarchie, die auf der Grundlage eines Netzwerks eng miteinander kooperierender Zentralbanken in den 30er Jahren und noch während des Krieges die „Geschäfte mit dem Feind" führte.

In seinem Buch *Die BIZ – Bankgeschäfte mit dem Feind* (Rotbuch-Verlag) dokumentiert der Schweizer Autor Gian **Trepp** eindrucksvoll, wie eng verzahnt die synarchistischen Bankinteressen waren. Es handelt sich um Bankiers, die den Zweiten Weltkrieg unbeschadet überlebten und nach ihm entweder weiter in einflußreicher Position innerhalb der BIZ blieben, oder im Apparat internationaler Organisationen wie dem IWF arbeiteten.

„Im Rahmen der Bank der Zentralbanken genannten ‚Bank für internationalen Zahlungsausgleich' (BIZ) in Basel arbeiteten hochrangige Vertreter der Alliierten und der Achsenmächte von Anfang bis Ende des Zweiten Weltkrieges offiziell zusammen", heißt es bei Trepp. „Churchills Schatzkanzler Sir Kingsley **Woods** verteidigte im Oktober 1942 (!) [im Mai 1940 hatte Hitler Frankreich und Belgien überfallen, EH] im britischen Unterhaus die Zusammenarbeit der **Bank of England** mit der Deutschen Reichsbank. Und Hitler äußerte sich in der Wolfsschanze 1942 zufrieden über die Arbeit der Reichsbank in der BIZ. Einzig Franklin Delano **Roosevelt** hatte Schwierigkeiten."

Nach ihrer Gründung 1929/30 entwickelte sich die BIZ somit zu einem Zentrum der Appeasement-Politik gegenüber Hitler; sie arbeitete eng mit den synarchistischen Strömungen in England vor allem um den Außenminister Lord **Halifax** und mit entsprechenden Kreisen in **Vichy-Frankreich** zusammen, also mit denen, die sich mit Hitler und **Mussolini** arrangieren wollten.

Die Gründung der BIZ war eng mit den deutschen Reparationszahlungen verknüpft, die Deutschland nach der

Niederlage des 1. Weltkriegs an die Alliierten zahlen mußte. Die Reparationen (u.a. an Frankreich, England und Belgien) waren 1919 im **Versailler Vertrag** festgeschrieben worden. Die ursprüngliche Forderung nach 226 Milliarden Reichsmark wurde auf 113 Milliarden halbiert.

Aufgrund der Schwierigkeit, diesen Zahlungen nachzukommen, und dem Scheitern des 1924 für Deutschland festgelegten Dawes-Zahlungsplans trat am 9. Januar 1929 in Paris eine internationale Konferenz von Finanzexperten unter dem Vorsitz von Owen D. Young – einem Partner von J.P. Morgan jun., dem damals mächtigsten Bankier der USA – zusammen, um das Problem der deutschen Reparationen zu diskutieren. Teilnehmer waren neben dem Präsidenten der Deutschen Reichsbank und den Zentralbankgouverneuren der Gläubigerländer Frankreich, England, Belgien, Italien und Japan auch Vertreter der privaten Bankenwelt dieser Länder. Die USA wurden nicht durch den Gouverneur der **New York Federal Reserve**, sondern durch John P. Morgan jun. vertreten. Die von Morgan kontrollierte Bankengruppe war damals nach den Reparationsgläubigern die zweitgrößte Auslandsgläubigerin Deutschlands.

Es wurde diskutiert, daß die Reparationen künftig durch eine neue internationale Reparationsbank treuhänderisch einkassiert und an die Gläubiger-Zentralbanken transferiert werden sollten. Der Chef der britischen Zentralbank, Montagu **Norman**, schlug damals vor, eine Zentralbank aller Zentralbanken zu schaffen. Am 7. Juni 1929 verkündete Young den Plan zur Neuregelung der Reparationen und präsentierte die Schaffung der neuen BIZ. Artikel 10 des Abkommens legte fest, daß die neu zu schaffende BIZ und ihre Werte auch im Krieg von jeglichen Einschränkungen freizuhalten und auch die Ein- und Ausfuhr von Gold und Devisen nicht zu beschränken sei.

Am 3. Oktober 1929 versammelten sich dann in Baden-Baden, wie schon erwähnt, eine Expertenrunde aus je zwei Deutschen, Briten, Franzosen, Belgiern, Italienern, Japanern und Amerikanern. Später traf man sich einmal pro Monat in Basel. „Die im Klubsystem abgehaltenen monatlichen Baseler Gespräche in den 30er Jahren (boten) das ideale Umfeld für ungestörte Geheimgespräche der Zentralbankgouverneure aus den faschistischen und den demokratischen Staaten... Auf deutscher Seite spielte der von Hitler im März 1933 als Reichsbankdirektor eingesetzte Hjalmar **Schacht** eine zentrale Rolle bei der Entwicklung der Appeasement-Politik." Schacht trat 1933 in den Verwaltungsrat der BIZ ein.

„Die europäischen Zentralbankgouverneure, allen voran der englische Zentralbankgouverneur Montagu Norman, betrachteten Schacht als Garant, als Hoffnung für die Auslandsgläubiger, der Hitler davon abhalten könnte, die hohe deutsche Aussenschuld aus der Weimarer Zeit für null und nichtig zu erklären." Montagu Norman – und mit ihm fast alle Bankiers der City – setzte sich daher vehement für einen Ausbau der wirtschaftlichen Zusammenarbeit mit dem nationalsozialistischen Deutschland ein.

Schacht ernannte den Freiherrn Kurt von Schroeder zum zweiten deutschen Verwaltungsratsmitglied der BIZ. Wie Schacht selbst war der Kölner Bankier Mitglied des Keppler-Kreises, einer Gruppe von industriellen und Bankiers um Hitlers Wirtschaftsberater Wilhelm **Keppler**. Diese einflußreichen Leute hatten Hitler und den Nationalsozialisten seit Anfang der 30er Jahre die zum Wahlsieg nötige Unterstützung aus den deutschen Finanz- und Wirtschaftskreisen zukommen lassen. So war es Kurt von Schroeder gewesen, der am 4. Januar 1933 in seiner Kölner Villa das berüchtige Treffen mit Hitler organisiert hatte, an dem auch von Papen teilnahm und wo die Voraussetzungen für den Machtantritt Hitlers am 30. Januar 1933 geschaffen wurden.

Wie Trepp dokumentiert, legte der ehemalige belgische Premier Paul **van Zeeland** im Jahre 1937 ein Papier vor, in dem er sich für die Wiederherstellung des Vertrauens zwischen den parlamentarischen und privatkapitalistischen Demokratien Frankreichs, Englands und der USA und den faschistischen staatskapitalistischen Diktaturen Deutschland und Italien einsetzte. Eine wichtige Rolle bei der Wiederannäherung sollte der BIZ zukommen.

Als Hitler 1938 dann die Tschechoslowakei besetzte, wurde von der tschechischen Nationalbank ein Telegramm an die BIZ geschickt mit der Aufforderung, daß die in der Bank of England deponierten Währungsreserven – 23,1 Tonnen Gold – umgehend an die deutsche Reichsbank auszuliefern seien. „Am 24. März verbuchte die BIZ-Bankabteilung in ihren Büchern dieses Geschäft und lieferte damit dem Aggressor Hitler auch noch die tschechoslowakischen Währungsreserven in London aus."

Am 7. Januar 1939 war Schacht als Reichsbankpräsident und auch vom BIZ-Verwaltungsrat zurückgetreten. Er blieb aber weiterhin wichtiger Verbindungsmann zu der internationalen Finanzwelt. Als neuer Reichsbankpräsident wurde Walther Funk eingesetzt. Zusammen mit Kurt von Schroeder und dem Präsidenten des deutschen Chemiekonzerns IG Farben, Hermann **Schmitz**, bildete er das Verwaltungstrio bei der BIZ. 1940 wurde der Amerikaner Thomas Harrison **McKittrick** neuer Präsident der BIZ. Er galt als Vertrauensmann der Wall-Street-Hochfinanz.

Im Krieg – so belegen es die Recherchen von Trepp, und zwar zwischen 1939 bis Ende 1942 – fungierte die BIZ unter Präsident **McKittrick** und dem von von der Reichsbank delegierten Generaldirektor Paul **Hechler** faktisch als internationaler Arm der Reichsbank. Die BIZ-Finanzdiplomatie wirkte als Schnittstelle zwischen der Reichsbank und den Zentralbanken der Westalliierten. So sagte Montagu Norman unmittelbar nach Ausbruch des Krieges: „Wenn ich heute mit den deutschen Verwaltungsräten in Basel am gleichen Tisch säße, würde ich gegen den ‚Trading with the Enemy Act' verstoßen" – jenes britische Kriegsgesetz, das wirtschaftliche Feindkontakte strikt untersagte.

Am 10. Mai 1940 begann Hitler den Angriff auf Belgien und Frankreich. Die Schweiz entschied sich zur Zusammenarbeit mit dem Dritten Reich. Über die Schweiz liefen der Zahlungsverkehr des Reiches für strategische Rüstungsimporte und Nachschub von portugiesischem Wolfram, brasilianischen Industriediamanten sowie anderen unverzichtbaren Rohstoffen.

Die BIZ wurde so, wie Trepp dokumentiert, in den Kriegsjahren zur Drehscheibe für Goldgeschäfte. Einer der Empfänger von Reichsbankgold via die BIZ war 1941-42 die **Banco de Portugal**, das damals zusammen mit Spanien Rüstungsgüter aus Südamerika importierte, die weiter in die Schweiz und von dort nach Deutschland und Italien reexportiert wurden. (U.a. transportierte die BIZ 1942 innerhalb von zwei Monaten 20 Tonnen Gold im Wert von 1,5 Mrd. Franken nach Lissabon.)

„Während sich die Soldaten der Länder gegenseitig abschlachteten, saßen Reichsbankpräsident Walther Funk, Gouverneur Vincenzo **Azzolini** von der **Banca d'Italia** und Gouverneur Montagu Norman von der Bank of England friedlich im Verwaltungsrat der BIZ. Mit dabei waren die je zweimal ausgewechselten Gouverneure der **Banque de France**, der **Banque Nationale de Belgique** und der niederländischen Bank. Dazu gesellten sich ein in Berlin stationierter Direktor der **Bank of Japan** und die beiden neutralen Präsidenten der **Schwedischen Reichsbank** und der **Schweizerischen Nationalbank.**"

Von Januar 1940 bis Juni 1946 war der amerikanische Bankier Thomas McKittrick – als Bindeglied zur Federal Reserve Bank of New York – Präsident der BIZ. Ebenfalls in der BIZ-Geschäftsleitung saßen der von der Reichsbank abgeordnete deutsche Generaldirektor Paul Hechler und der von der Banque de France entsandte französische Generaldirektor Roger **Auboin**. „Das amerikanisch-deutsch-französische Trio führte die BIZ noch acht Monate über den Zusammenbruch des Dritten Reiches hinaus bis zum Tode Hechlers am 29. Dezember 1945", schreibt Trepp.

Einige der führenden Vertreter der BIZ-Geschäftsleitung – wie Roger Auboin von der französischen Nationalbank, aber auch ihr Generalsekretär, der Italiener Raffaele **Piloti**, sowie der BIZ-Chefökonom Per **Jakobsson**, die damals Hand in Hand mit den Nazis arbeiteten, lebten nach dem Krieg ungeschoren weiter oder machten sogar Karriere:

- Roger Auboin von der Banque de France, der ab 1938 Generaldirektor in der BIZ war, ging nach 20 Jahren in Basel und einem problemlos überstandenem Regimewechsel in Frankreich – dem Ende des Vichy-Regimes – 1958 in Pension.
- Der italienische Generalsekretär Raffaele Piloti, seit 1930 bei der BIZ und Mitglied der **Partito Nazionale Fascista**, vertrat auch nach dem Abgang des Duce im Winter 1943/44 bis zu seiner Pensionierung im Jahre 1951 auch weiterhin die Banca D'Italia in der BIZ.
- Der Belgier Baron Marcel van Zeeland spielte eine Rolle als Schnittstelle zwischen jenem kleineren Teil der belgischen Hochfinanz, der nach London emigrierte, und dem größeren Teil, der in Brüssel mit den Nazibesatzern kollaborierte. Nach 30jähriger Dienstzeit ging van Zeeland im Jahre 1962 als letztes BIZ-Direktionsmitglied aus der Kriegszeit in Pension.

- BIZ-Chefökonom Per Jakobsson, der seit September 1931 in Basel war und dort die Währungs- und Wirtschaftsabteilung führte, war 25 Jahre lang Chefökonom der BIZ, bis er 1957 zum Direktor des **Internationalen Währungsfonds** in Washington befördert wurde.
- Hjalmar Schacht wurde in den Nürnberger Prozessen freigesprochen, obwohl er von 1934 bis 1944 (seit 1937 als Minister ohne Geschäftsbereich) Mitglied der Reichsregierung gewesen war, und gründete 1953 das Privatbankhaus **Schacht & Co.** in Düsseldorf.

Bereits 1940 machten sich der damalige Reichsbankpräsident Walther **Funk** und andere konkrete Gedanken über die Nachkriegsordnung. So legte BIZ-Chefökonom Per **Jakobsson** am 17. Oktober 1940 in der BIZ die Studie „Aktuelle Währungsprobleme und die BIZ" vor, wo er seine Sicht über die Nachkriegsordnung zusammenfaßte:

„Die kommmende internationale Währungsverfassung der Nachkriegszeit kann noch nicht mit genügender Sicherheit eingeschätzt werden... Einiges kann freilich heute schon in Betracht gezogen werden. Nämlich die Tendenz zur Bildung von Großwirtschaftsräumen, eine Politik, die heutzutage von zahlreichen mächtigen Kreisen unterstützt wird. Es darf als sicher gelten, daß diese Tendenz die Basis der zukünftigen Entwicklungen sein wird. Neben dem Reichsmark-Block zeichnet sich ein Yen-Block in Asien ab, dazu der Sterling-Block und der Dollar-Block, und auch die UdSSR wird voraussichtlich einen Währungsblock bilden."

Während also der englische Premierminister Winston **Churchill** von der englischen Bevölkerung Blut, Schweiß und Tränen im Überlebenskampf gegen die Nazis gefordert hatte, redete der BIZ-Chefökonom über die gemeinsamen Interessen des angelsächsischen und des deutschen

Schacht und Hitler 1934 bei der Grundsteinlegung des neuen Reichsbankgebäudes.

Großwirtschaftsraumes an geordneten Währungsbeziehungen.

„Die innenpolitischen Unterschiede zwischen faschistischer Diktatur und liberaler Demokratie waren für den BIZ-Chefökonomen seit Hitlers Machtübernahme zweitrangig gewesen“, heißt es bei Trepp. Mehr noch, die „‚technischen Aspekte der nationalsozialistischen Wirtschaftspolitik‘ vermochten ihm noch im Herbst 1940 Bewunderung zu entlocken.“

In einem Vortrag vor dem Basler Rotary-Club lobte Jakobsson am 4. November 1940 die Technik, mit der Hitlers Reichsbankpräsident Hjalmar Schacht zwischen 1933 und 1939 das „Nazi-Wirtschaftswunder“ finanziert hatte, das die deutsche Aufrüstung ermöglichte. Nämlich durch unbeschränkte Rüstungskredite der Reichsbank an den Staat, bei gleichzeitiger, mit faschistischer Terrormethode erzwungener Beschränkung des privaten Konsums durch Tiefhaltung der Löhne und hohe Steuern. Scharf kritisierte er dagegen die angeblich gescheiterte Wirtschaftspolitik der Regierung Roosevelt in den USA und der Volksfront-

Regierung Leon Blums in Frankreich. Dort sei man von der falschen Kaufkrafttheorie ausgegangen, wonach es für das Wirtschaftswachstum vorteilhaft sein soll, die Arbeitslöhne anzuheben, um rasch mehr Kaufkraft zu schaffen. Nachdem er in diesem Vortrag noch die Demission des englischen Premierministers **Chamberlain** zugunsten von Winston Churchill am 10. Mai 1940 beklagt hatte, schloß Jakobsson seine Ausführungen vor den Basler Rotariern mit dem erstaunlichen Satz: „*Das deutsche Wirtschaftsleben unter Hjalmar Schacht ist mehr im Einklang mit orthodoxen Prinzipien geführt worden als die Recovery-Methoden von Roosevelt und Blum.*"

Wie schon erwähnt, hatte Präsident Roosevelt „Schwierigkeiten" mit dem Verhalten der BIZ gegenüber den Nazis. Am 18. Juli 1944 forderten Staatssekretär Harry Dexter **White** und Finanzminister Henry **Morgenthau**, die beide in enger Abstimmung mit Roosevelt vorgingen, während der Weltwährungskonferenz der Alliierten in **Bretton Woods** eine rasche Liquidation der BIZ: „Die Weltwährungskonferenz der Vereinten Nationen empfiehlt die raschestmögliche Liquidation der BIZ", hieß es in ihrem Antrag.

„Sollte die Zukunft der BIZ ohne klare Stellung der USA im Konferenzplenum zur Sprache kommen, werden die Deutschen daraus schließen, in Basel könne nach dem Krieg alles bleiben, wie es war. Und genau auf diese Kontinuität setzen Reichsbankleute wie Hjalmar Schacht und Walther Funk alle ihre Hoffnungen", begründete Morgenthau die Initiative. Auch der französische Delegationschef, der Gaullist Pierre **Mendes-France**, trat für eine Liquidation der BIZ ein, obwohl die Banque de France seit 1930 eine tragende Säule der europäischen Zentralbanken gewesen war und in Basel traditionell einen Generaldirektor stellte.

Am 7. Juli 1944 sprach Reichsbankpräsident **Funk** in einer Rede zum 400. Jubiläum der Albertus-Universität in Königsberg über die Weltwährungskonferenz der Alliierten. Dabei stellte der Reichsbankpräsident dem anglo-amerikanischen Bretton-Woods-Fixkurssystem das Konzept des europäischen multilateralen Clearings diametral gegenüber. Bretton Woods mit dem Dollar als Elite- und Reservewährung titulierte Funk als „anglo-amerikanischen Finanzimperialismus oder Plutokratie mit dem Zweck der Ausbeutung und Machterhaltung durch Kontrolle des internationalen Geldkreislaufs." Im europäischen multilateralen Clearing der Nazis hingegen sah der Reichsbankdirektor bei allen kriegsbedingten Erschwernissen „die neue Ordnung, welche allen Staaten Vorteil bringt und ihre Souveränität unangetastet läßt."

Der New-Deal-Journalist Irving F. Stone schrieb, wie Trepp dokumentiert, am 16. 7. 1944 in der Zeitschrift *PM New York* einen Artikel unter der Überschrift: „Großbankiers konspirieren gegen die internationale Währungskonferenz", in dem er unter anderem auf das Kräfteverhältnis zwischen dem US-Finanzministerium und den Wall-Street-Banken in Bretton Woods einging und deutlich machte, daß die BIZ als Instrument des Wall-Street-Finanzestablishments gegen den demokratischen Präsidenten Franklin D. Roosevelt eingesetzt werden solle:

„Die Wall Street will die Nazi-dominierte BIZ als zukünftige Weltbank am Leben erhalten und ergänzend dazu einen bilateralen anglo-amerikanischen Finanzpakt abschließen. Damit das vereinigte Finanzestablishment in New York und London die internationale Geldpolitik der Nachkriegszeit in seinem Sinne lenken und unerwünschte soziale und wirtschaftliche Reformen durch Kontrolle der internationalen Kreditmaschine verhindern kann...

Die Hauptrolle in diesem Versuch spielt Leon **Fraser**, Präsident der **First National Bank of New York** und Ex-Präsident der BIZ. Eine von der First National kontrollierte US-Bankengruppe ist nach wie vor an der feindkontrollierten BIZ beteiligt. Als Inspirator und graue Eminenz einer solchen anglo-amerikanischen Bankenallianz gilt **John Foster Dulles** (!), Partner im größten Wall Street-Rechtsanwaltbüro **Sullivan and Cromwell**, das vor dem Krieg zahlreiche Nazifirmen beraten hat. Die Wall Street lehnt die geplanten Bretton-Woods-Institutionen praktisch einstimmig ab und folgerichtig versuchen diese Leute die Gründung des Internationalen Währungsfonds (IWF) und der **Weltbank** im US Kongress zu torpedieren. In London ist die Bretton-Woods-Opposition auf einen kleinen Kreis konservativer Bankiers beschränkt, die dem Goldstandard nachtrauern und verhindern wollen, daß die Regierung nach dem Krieg mit kalkulierten Staatsdefiziten für Vollbeschäftigung sorgt. Die britischen Konservativen mußten mitansehen, wie ihr ärgster Feind, der notorische Gegner des Gold-Standards, John Maynard **Keynes**, zum Chefökonomen der Bank of England und zum britischen Delegationschef in Bretton Woods aufrückte. Die Keynes-Antikrisenpolitik der Vollbeschäftigung dank erhöhter Staatsausgaben ist mit dem Goldstandard nicht vereinbar. Sollte es den genannten Bankierskreisen gelingen, die geplanten IWF und Weltbank zu verhindern und gleichzeitig den Goldstandard mit privater anglo-amerikanischer Bankenkontrolle über die Geldpolitik zu etablieren, müßte daraus in beiden Ländern eine konservative Sparpolitik resultieren. Für die konservativen anglo-amerikanischen Finanzkreise bestünde der Vorteil der BIZ als Weltbank darin, daß sie diese Institution kontrollieren könnten, während die Bretton-Woods-Institutionen von den Regierungen der Vereinten Nationen kontrolliert werden sollen."

Nach dem Tod Roosevelts, zwischen Kriegsende und Herbst 1946, gelang es der BIZ, die seit Bretton Woods drohende Liquidation abzuwenden. Dies verdankte die Bank zum einen der Abkehr **Trumans** von der Politik Roosevelts und dem heraufziehenden Kalten Krieg, zum anderen **Roger Auboin** und Maurice **Frere** von der Banque de France. BIZ-Generaldirektor Auboin spielte die Hauptrolle bei der Verteidigung des deutschen BIZ-Personals gegen die Schweizer Behörden und bei der Rückgabe des deutschen Raubgoldes aus Belgien.

Am 16. Juni 1947 fand die erste reguläre Generalversammlung der BIZ nach dem Kriege statt. Zu irgendwelchen Abrechnungen mit Nazis, Faschisten und Kollaborateuren kam es nicht.

Elisabeth Hellenbroich

„System Greenspan" am Ende

In Berlin kam es im Januar 2004 zu einem denkwürdigen wirtschaftspolitischen Duell zwischen US-Notenbankchef Greenspan und LaRouche-Berater Dr. Tennenbaum. Vor rund 300 Gästen, darunter führenden Vertretern der deutschen und europäischen Finanzwelt, mehreren Mitgliedern der Bundesregierung und anderen prominenten Politikern und Abgeordneten sowie Vertretern der internationalen Finanzpresse mußte Greenspan eingestehen, daß ein Systemkollaps nicht auszuschließen ist.

Tennenbaum nannte Greenspans Politik „inkompetent", sie stehe „völlig im Widerspruch zu den Prinzipien des Amerikanischen Systems", für das Alexander Hamilton beispielhaft sei. Die Welt erlebe derzeit den „Kollaps der größten Finanzblase der modernen Geschichte". Er prophezeite das Ende des Systems der unabhängigen Zentralbanken und eine Wiederbelebung des bewährten Amerikanischen Systems unter der Führung Lyndon LaRouches.

Greenspan sah sich zu einer ungewöhnlich langen Antwort auf LaRouches Repräsentanten veranlaßt, wobei er sogar auf seine üblichen, bewußt unverständlichen Verwirrformulierungen verzichtete: „Sie sagen, wir hätten eine Immobilienblase, aber das muß erst noch bewiesen werden... Sie sind nicht der einzige, der das sagt... Woher wissen wir, daß das Gesamtsystem nicht kollabieren wird? Nun, die technisch richtige Antwort lautet, daß niemand allwissend ist und mit Sicherheit und uneingeschränkt sagen kann, daß Sie sich irren. Ich will dazu nur sagen, daß offensichtlich die überwältigende Mehrheit derjenigen von uns, die die Daten einschätzen, um diese Fragen beantworten zu können, zu dem Schluß gekommen ist, daß es äußerst unwahrscheinlich ist, daß so etwas geschieht... Kann ich also die Möglichkeit [eines systemischen Zusammenbruchs] abstreiten? Nein, niemand kann das sagen, der Philosophie studiert hat."

Zuvor hatte Greenspan in seiner Rede als Antwort auf einen drohenden Kollaps des US-Dollars eine neue Runde radikaler Maß-

Das Orakel von New York

nahmen zur Deregulierung der Weltwirtschaft und der Weltfinanzmärkte gefordert, um sämtliche verbliebenen Spuren des früheren, protektionistischen und regulierten Wirtschaftssystems der Nachkriegszeit zu beseitigen. Insbesondere Europa müsse den „verbliebenen Widerstand" gegen den uneingeschränkten „Kapitalismus des Freihandels und der freien Märkte" aufgeben: „Wenn wir es schaffen, ein *völlig flexibles System* zu erreichen", präzisierte er auf Nachfrage eines Journalisten, „dann können wir die Probleme einer unvermeidlich zunehmenden Ausweitung der Defizite und damit auch der Anhäufung von Nettoverbindlichkeiten von Ländern wie den USA lösen."

Kehre man aber zu rigiden Volkswirtschaften und Strukturen zurück, wie sie früher bestanden, dann riskiere man eine Vertrauenskrise und einen Kollaps des Dollars: „Am heutigen Horizont zeigen sich immer mehr Wolken eines zunehmenden Protektionismus. Im Lauf der Jahre haben geschützte Interessen oft versucht, den Fortschritt des beunruhigenden wirtschaftlichen Wandels aufzuhalten. Im Kampf gegen die mächtigen Kräfte des Wettbewerbs der Märkte sind praktisch alle diese Versuche gescheitert. Die Kosten jeder neuen protektionistischen Initiative im Kontext des gegenwärtigen Ungleichgewichts der Leistungsbilanzen könnten die Flexibilität der globalen Wirtschaft deutlich erodieren. Infolgedessen ist es geboten, diesen schleichenden Protektionismus abzuwehren und rückgängig zu machen..." *jbt*

Widerstand gegen „Frankenstein-Direktive" der EU

Seit dem Lissaboner EU-Gipfel vom März 2000 wird bei der EU-Kommission an dem Ziel gearbeitet, die Union bis zum Jahresende 2010 zum „wettbewerbsfähigsten und effizientesten Wirtschaftsraum der Welt" zu machen. Vorherrschend bei diesem Vorhaben sind allerdings die Freimarktideologen mit ihrer Besessenheit, nun auch noch die letzten Restbestände von Regulierungen und Auflagen abzuschaffen.

Besonders hervorgetan hat sich hierbei Frits Bolkestein, der im November ausgeschiedene niederländische Binnenmarktkommissar der EU, dessen Namen jene Direktive trägt, mit der die endgültige Deregulierung sämtlicher nichtstaatlicher und nichtkostenfreier Dienstleistungen in der Union in Gang gesetzt werden soll. Die Direktive, im Entwurf im Januar 2004 vorgestellt, wird derzeit in der entscheidenden Verhandlungsrunde in Brüssel beraten, und würde sie durchgesetzt, wären davon fast alle Dienstleistungen, die 70% der wirtschaftlichen und sozialen Tätigkeiten in der EU ausmachen, betroffen.

Besonders fragwürdig ist, daß Bolkestein und sein Team alle Dienstleistungen, die nicht direkt und kostenfrei durch den Staat gegeben werden, zur „unternehmerischen Tätigkeit" erklären, die dann ihrer Meinung nach auch voll und ganz den Gesetzen des freien Marktes unterworfen werden müsse. Ein Krankenpfleger, der ein Entgelt, wie gering auch immer, für seine Tätigkeit erhält, gilt dann als „Unternehmer", der sich im freien Wettbewerb um Kosten und Nebenkosten mit Konkurrenten aus der gesamten übrigen EU befindet. Jeglicher Schutz, den sein eigener Staat diesem Pfleger gewährt, muß nach Bolkesteins

Ansicht abgeschafft werden, denn das hindere den freien Wettbewerb und sei „unfair" gegenüber den Konkurrenten aus anderen Teilen der EU.

Oberste Leitlinie der Forderungen Bolkesteins ist die völlige Schrankenlosigkeit im Bereich der Dienstleistungen. Dazu soll das Konzept des Vorrangs für das Herkunftsland dienen. Der jeweils niedrigste Kostenstandard innerhalb der gesamten EU bestimmt somit den Maßstab zur Bewertung der „Wettbewerbsfähigkeit", und höhere Standards müssen dem niedrigeren weichen.

Hafenarbeiter streiken

Am 19. November kam es zu koordinierten Arbeitsniederlegungen von Hafenarbeitern in Deutschland, Frankreich, Dänemark, England, Griechenland und in den Niederlanden gegen die spezifischen Bolkestein-Pläne zu Änderungen beim *port package.* Die EU-Kommission will es Schiffseignern erlauben, ihre Fracht von der eigenen Besatzung be- und entladen zu lassen, anstatt diese Arbeit von den Hafenarbeitern ausführen zu lassen. Das soll Kosten senken, Arbeitszeitregelungen und Sicherheitsstandards unterlaufen und Ladezeiten abkürzen.

Die ganze Absurdität dieser am grünen Kommissarsschreibtisch entworfenen Neuregelung zeigt sich allein schon daran, daß Schiffsbesatzungen für den Umgang mit modernen Be- und Entladeausrüstungen gewöhnlich überhaupt nicht ausgebildet sind. Außerdem sind in der Ära der Ausflaggungen in Billigländer die Besatzungen oft nicht einmal für die Arbeit an Deck geeignet.

Neben der Ausweitung des sich seit Jahren ausbreitenden Sklavenhaltertums in der Billigschiffahrt steht zu befürchten, daß die Unfallraten und Schäden am Frachtgut im Hafenbereich bei einer Umsetzung der Bolkestein-Direktive drastisch ansteigen.

Am 22. November 2004 trafen sich Vertreter der Hafenarbeitergewerkschaften aus ganz Europa in Brüssel, um über weitere Protest- und Kampfmaßnahmen zu beraten. Auch die deutschen Bauarbeiter drohten mit Warnstreiks und anderen Aktionen gegen die Umsetzung der Bolkestein-Direktive.

Wird schon seit Jahren ein zäher Kampf gegen das weit verbreitete Unterlaufen von Löhnen, Gesundheits- und Sicherheitsstandards im europäischen und deutschen Bausektor geführt, so droht mit Bolkesteins Forderungen der völlige Zusammenbruch des geschützten Bauarbeitsmarkts. Die bisher bevorzugten portugiesischen Arbeiter, die zu Hungerlöhnen und ohne Unfall- und Krankheitsversicherung an deutschen Baustellen angeheuert wurden, würden von noch billigeren Arbeitern aus Ostpolen ersetzt. Nicht der branchengemäße Standard nach deutschem Bau- und Arbeitsrecht, sondern die Gepflogenheiten im Herkunftsland der Billigarbeiter wären laut Bolkesteins Plänen der neue Maßstab, und man könnte nicht einmal verhindern, daß in noch größerem Umfang als schon heute Arbeiter aus solchen Ländern monatelang ganz ohne Lohnzahlungen bleiben.

Gegenentwurf

Am 25. November schließlich fand in Brüssel eine Protestkundgebung von 3000 Gewerkschaftern aus dem öffentlichen Sektor mehrerer EU-Mitgliedsländer statt, mit Plakaten, auf denen zu lesen stand „Bolkestein=Frankenstein".

In Deutschland unterstützt von der Dienstleistungsgewerkschaft *ver.di*, legten die Protestierenden ein Manifest vor, in dem nicht nur vor geringeren Löhnen bei verlängerten Arbeitszeiten insgesamt gewarnt wurde; es wurde auch davor gewarnt, daß Dienstleistungen in der Erziehung, in der Kultur und vor allem im Gesundheitswesen künftig zur reinen Handelsware herabgewertet würden. Gesundheit der Bürger, bisher ein Kernbestand des Gemeinwohls, würde zu einer Sache, die nach Belieben am freien Markt versteigert würde, nach dem Prinzip, möglichst wenig Kosten zu verursachen. Der Fortbestand der für Europa typischen hochqualitativen öffentlichen Dienste sei durch die Bolkestein-Frankenstein-Direktive in der Substanz bedroht.

Die Demonstranten setzten dem ihren Gegenentwurf *Unser Europa – das sind vor allem wir selbst!* entgegen. Sie bekräftigten „das Recht der nationalen Regierungen, der Garantie der grundlegenden Bürgerrechte Vorrang gegenüber der Garantie freien Wettbewerbs und von Marktregeln einzuräumen".

Während die EU-Kommission, ein nicht von den Bevölkerungen gewähltes Gremium, keinen Anspruch auf „blinde Umsetzung" ihrer Direktiven habe, seien die nationalen Regierungen gewählt und hätten damit Legitimität gegenüber der Kommission, erklärten die Gewerkschafter. „Wir können nicht ein ultraliberales Europa hinnehmen, das sich voll und ganz den Gesetzen des Marktes unterordnet, wo die Arbeitnehmer als bloße Handelsware betrachtet werden, und wo Umstrukturierung, Entlassungen und Dezentralisierung die Losung des Tages sind."

„Wir fordern das Recht für jeden Bürger auf Zugang zu öffentlichen Diensten von hoher Qualität, und daraus folgend eine Direktive zum Schutz der Dienstleistungen im Interesse des Gemeinwohls. Wir wollen, daß das erweiterte Europa auch *unser Europa* wird, und daß Arbeitnehmer jedes Mitgliedslandes die Möglichkeit haben, sich für die Verbesserung ihrer Arbeits- und Lebensbedingungen einzusetzen, ohne gegeneinander ausgespielt zu werden", hieß es zum Abschluß der Brüsseler Erklärung der Gewerkschaften vom 25. November. *Rainer Apel*

Der bekannte SPD-Politiker und Ideologe Peter Glotz gehört zu jenem Netzwerk neoliberaler Meinungsmacher und Professoren in Deutschland, die als engagierte Fürsprecher radikaler Sparmaßnahmen und einer an den Ideen des Club of Rome ausgerichteten, neo-malthusianisch-"postmodernen" Gesellschaft auftreten. Seine Vision ist eine postmoderne, „digitale" Gesellschaft, in der nur der „Stärkere" überlebt, während ein Drittel der Menschen den künftigen „Bodensatz" struktureller Reformen bilden wird.

Glotz' Zukunftsgesellschaft und das Recht des Stärkeren

Der SPD-Ideologe Peter **Glotz** ist Mitunterzeichner der Anzeige „Auch wir sind das Volk", Mitglied der vom früheren Bundesbankpräsidenten **Tietmeyer** gegründeten ultraliberalen **Initiative Neue Soziale Marktwirtschaft** und einflußreicher Ideologe in der von der **Bertelsmann**-Stiftung initiierten Hochschulreformdebatte. Er gehört zu jenem Netzwerk neoliberaler Meinungsmacher und Professoren in Deutschland, die sich in den öffentlichen Debatten als engagierte Fürsprecher radikaler Sparmaßnahmen und einer an den Ideen des **Club of Rome** ausgerichteten, neomalthusianisch-"postmodernen" Gesellschaft hervortun.

Seit 2000 lehrt Glotz als Kommunikationswissenschaftler an der St. Gallener Hochschule. Die Vision, die er in seinen Reden, Aufsätzen und Büchern entwirft, ist eine postmoderne, „digitale" Gesellschaft, in der nur der „Stärkere" überlebt. In einer solchen deregulierten, dematerialisierten und globalisierten Gesellschaft werde in der Zukunft, so seine Kernthese, ein Drittel der Menschen „als Bodensatz" struktureller Reformen ins Abseits gedrängt. Gleichzeitig

„In einer solchen Gesellschaft übernimmt eine ‚globale Elite' die Führung, die viele Wochen im Jahr im Flugzeug sitzt, als ‚Lingua franca' Englisch benutzt und deren modus vivendi ‚any time – any place' heißt."

(Glotz)

würden sich die damit einhergehenden gesellschaftlichen Spannungen in „Kulturkämpfen" und neuen sozialen Konflikten entladen.

Glotz weiß offensichtlich, wovon er spricht, denn unmittelbar nach dem Landtagswahlkampf in Sachsen traf er sich mit dem NPD-Vorsitzenden Udo **Voigt** zu einer Fernsehdebatte, in der er die „Contra"-Position gegenüber der NPD einnahm, sich aber auffallend gesprächsbereit und devot gegenüber Udo Voigt zeigte.

Vision der „Software-Gesellschaft"

Peter Glotz wurde am 6. März 1933 in Eger (Böhmen) geboren. Seine Kindheit und Flucht und die mit diesen Erlebnissen verbundene tiefsitzende Skepsis gegenüber dem Nationalstaat hat ihn zeitlebens geprägt. Von Beruf Kommunikationswissenschaftler, war er 1972-1977 und 1983-86 Mitglied des Deutschen Bundestages, von 1974-77 parlamentarischer Staatssekretär beim Bundesminister für Bildung und Wissenschaft, 1977-81 Senator für Wissenschaft und Forschung des Landes Berlin, von 1980-87 Bundesgeschäftsführer der SPD, 1996 Rektor der Universität Erfurt und Professor für Kommunikationswissenschaften und schließlich seit 2000 Professor an der Universität St. Gallen.

In einer Rede zum Thema „Sicherheits- und Außenpolitik im Zeitalter der globalen Kommunikation" skizzierte Glotz am 22. September 2004 in Berlin die Zukunftsvision, wie er sie bereits in seinen Büchern *Die beschleunigte Gesellschaft* (1999) und *Von Analog zu Digital* (2001) dargelegt hat. Seine Kernthese: Wir erleben derzeit den Übergang von einer Industriegesellschaft, einer Hardware-, in eine Software-, d.h. eine Wissens- und Dienstleistungsgesellschaft. Dies gehe einher mit immer mehr Dezentralisierung und Beschleunigung. Es werde sich in der Folge eine Zwei-Drittel-Gesellschaft herausbilden, in der ganz unterschiedliche Lebenskulturen herrschen. Dies werde zu scharfen Kulturkonflikten führen, die gelegentlich gewaltsam ausgetragen würden, ob in Form politischer Konflikte oder in Form gewöhnlicher Kriminalität. Als eine der Hauptbedrohungen für die Sicherheit sieht Glotz ethnische Konflikte, z.B. im Kaukasus – die wiederum eine notwendige Folge des Zerbrechens des Nationalstaats seien –, internationalen Terrorismus und die Gefahr atomarer Kriege.

Huntingtons Logik vom „Clash of Civilizations" („Krieg der Kulturen") folgend, lokalisiert Glotz die Ursachen der Terrorismusgefahr im demographischen Wachstum. In der Geschichte seien es stets die „großen Youth bulges" gewesen, also die vielen jungen Männer, die keine Beschäftigung fanden und nach Auskommen suchen mußten, die den Ausweg in Kriegen suchten. „Dies dürfte so bleiben ... Die Youth bulges werden zu Rekrutierungsarmeen für den internationalen Terrorismus."

In *Von Analog zu Digital* entwirft Glotz das Bild einer Gesellschaft, in der nicht das Gemeinwohl, sondern die darwinistische Idee – das Recht des Stärkeren – zum Maßstab wirtschaftlichen Handelns wird. „Dematerialisierung“, „Dezentralisierung“, „Deregulierung“, „Globalisierung“ und „Outsourcing“ seien Kennzeichen dieser neuen Gesellschaft. Während zwei Drittel das Beschleunigungstempo der deindustrialisierten Informationsgesellschaft bereitwillig mitmachten, werde sich im untersten Drittel eine neue Unterschicht, ein neues Proletariat bilden, das zu einem guten Teil aus Aussteigern, Verweigerern, Arbeitslosen besteht. Glotz sagt voraus, daß uns in der Zukunft aufgrund der am Arbeitsmarkt und im Bildungswesen der „Industriekultur“ stattfindenden tektonischen Verschiebungen eine Revolution, ein „Kulturkampf“ bevorstehe, dessen Anfang wir jetzt erleben.

Natürlich werde sich, so Glotz, auch das Parteienbild

In Von Analog nach Digital *entwirft Glotz das Bild einer Gesellschaft, in der nicht das Gemeinwohl, sondern die darwinistische Idee – das Recht des Stärkeren – zum Maßstab wirtschaftlichen Handelns wird.*

verändern: Parteien seien heutzutage einseitige, zusammengesetzte, relativ geschlossene und vergleichsweise alte, hierarchisch gestufte Kommunikationszirkel, in die die vielfältigen Bedürfnisse der differenzierten Zivilgesellschaften nur mühsam und langsam vordringen. Glotz entwirft das Bild einer „wilderen, anarchischen, spekulationsgetriebenen, weltweit operierenden Wirtschaft". In der Zukunft würden mehr Menschen in der Informationsverarbeitung und in der Dienstleistung tätig sein als in der Industrie. Eine Ausdünnung der Mitte wäre die Folge, d.h. der Mittelstand werde verschwinden. Es ist die Rede von der Dematerialisierung: Ein Großteil der Wirtschaft werde nicht mehr von der Verwertung von Bodenschätzen, von Stoffverwandlungsprozessen und Energie getragen, sondern von der Verwertung von Information – wie der englische Soziologe und Ideologe des „Dritten Wegs" Anthony **Giddens** (ein Berater Tony **Blairs**) gesagt habe: Die hardware-orientierte Gesellschaft verwandele sich in eine software-orientierte telematische Gesellschaft.

Was dabei zählt, ist „Just-in-time-Produktion" und „Outsourcing" der Produktion, denn „große Unternehmen bewegen sich dorthin, wo sie die günstigsten Bedingungen finden", heißt es bei Glotz.

Dematerialisierung

Die „digitale Ökonomie", so Glotz, gehe einher mit einer Verdichtung und Internationalisierung der Kommunikation, einer engeren Vernetzung größerer Teile der Welt. Aufgrund des „e-commerce" würde in Zukunft eine Kultur der Brinkmanship mit „stock options" und anderen Aktivitäten an der Börse wichtiger als irgendwelche Mitbestimmung. So würden Aktien interessanter als Kommunalobligationen werden. „In einer solchen Gesellschaft übernimmt eine ‚globale Elite' die Führung, die viele

Wochen im Jahr im Flugzeug sitzt, als ‚Lingua franca' Englisch benutzt und deren modus vivendi ‚any time – any place' heißt."

Im digitalen Kapitalismus bekämen die „Börsen eine zentrale Stellung, Zukunftswerte werden höher gehandelt als Sachwerte. ‚Unfriendly take overs' wie am Beispiel Vodafone/Mannesmann werden selbstverständlich. Das Klima wird rauher." Der Stärkere setze sich durch. Welche Folgerungen zieht Glotz daraus?

In der Zukunft bestimmend seien nur noch solche Unternehmen (oder auch Banken), die bei radikalem Personalabbau gleichzeitig hohe Gewinne einfahren. Natürlich gebe es da die „Gröhlbacken". Damit meint Glotz verächtlich diejenigen Gewerkschafter und Arbeitnehmer, die „bodenständig" das Ziel der „Vollbeschäftigung" verfolgen und sich zu Recht gegen diese Art des Raubtierkapitalismus zur Wehr setzen.

Dem hält Glotz das Konzept des „Jobless Growth" entgegen. So habe der Konzern **ABB** durch Umstrukturierung Mitte der 90er Jahre 50 000 Beschäftigte freigesetzt und gleichzeitig den Umsatz des Konzerns um 60% gesteigert. **Siemens** verringerte den Personalstand im Inland von 238 000 auf 197 000 und habe durch entsprechende Optimierungsprogramme in fünf Jahren Einsparungen von 30 Mrd. Mark erreicht – während die **Deutsche Telekom** zwischen 1992 und 1998 44 781 Arbeitsplätze abgebaut habe. (Als Glotz sein Buch schrieb, erlebte die Telekom und mit ihr die gesamte New-Economy-Blase ihr Waterloo an den internationalen Aktienmärkten. Insgesamt lösten sich seit März 2001 sowohl in den USA wie in Europa 16 Billionen Dollar an New Economy Aktien in Wohlgefallen auf.)

Aber auch der Versicherungssektor werde 80% des Innendienstpersonals, das sind etwa 200 000 Menschen, abbauen. Studien zufolge würden 40% der Bankbediensteten, 45% der Sekretariatsarbeiten und 25-75% aller Bürotätigkeiten wegfallen.

Glotz benutzt zwar nicht ausdrücklich den Begriff „Reproletarisierung", aber er meint genau das, wenn er schreibt: „Es bildet sich ein Zweidrittelblock, der ganz gut zu leben hat, in den oberen Etagen sogar brillant. Es bleibt aber ein drittes Drittel übrig, eine neuartige Unterschicht. Und woraus besteht die? Einerseits aus den Ausgegrenzten, den Arbeitslosen, den sozial wirklich Schwachen. Zum anderen aber aus freiwilligen Absteigern. Das ist das Phänomen des Downshifting." Es werde weniger Erwerbsarbeit geben als heute, weniger wettbewerbsfähige Arbeitsplätze. Aber Arbeit werde genug da sein – nur nicht Erwerbsarbeit, sagt Glotz: „Die Gesellschaft wird ihre Energien in nonprofit-Organisationen stecken" – sogenannte „grassroots"-Bewegungen oder „virtual communities" würden wachsen.

Deregulierung

In einem Nationalstaat, der zunehmend „entmächtigt" werde, und angesichts einer deregulierten Ökonomie, welche immer mehr Arbeitsplätze vernichte, sagt Glotz neue gesellschaftliche Konflikte voraus: „Die Gewaltaktionen der rechtsradikalen Jugendschlägerbanden sind die bewußtlose Antwort von Modernisierungsverlierern auf eine als ausweglos empfundene Situation. Noch präziser gefaßt: Die hohen Arbeitslosenzahlen und die Entindustrialisierung im Osten Deutschlands machen die Modernisierungsverlierer zu einem möglichen Resonanzboden für die Gewalttaten. Gnade uns Gott, wenn diese Modernisierungsverlierer in Deutschland einen Führer fänden," schreibt Glotz, der sich (wie schon erwähnt) interessanterweise als führender SPD-Mann, nachdem die NPD in Sachsen 9% erhalten hatte, demonstrativ vor den Kameras von *N 24* zum Dialog mit **Udo Voigt** traf.

Glotz gibt sich als überzeugter Malthusianer und Anhänger der Dogmen des Club of Rome zu erkennen, indem er den vom Mitbegründer des Club of Rome und Autor der *Grenzen des Wachstums*, Dennis **Meadows**, verwendeten Begriff der „Nachhaltigkeit der Ökonomie" in den Mittelpunkt seiner Überlegungen stellt: Meadows zufolge, so Glotz, ist „eine Gesellschaft dann nachhaltig..., wenn sie so strukturiert ist und sich so verhält, daß sie über alle Generationen existenzfähig bleibt, daß sie ihre eigenen materiellen und sozialen Existenzgrundlagen nicht unterminiert. Im Sinne der Systemforschung ist eine Gesellschaft nachhaltig, wenn sie ausreichend Informations-, Sozial und Verwaltungsstrukturen besitzt, die in der Lage sind, die positiven Rückkoppelungen zu exponentiellem Bevölkerungs- und Wirtschaftswachstum so zu kontrollieren, daß ‚Fertilität etwa gleich der Mortalität' ist und die Investitionsraten etwa den Raten der Kapitalabnutzung entsprechen."

Zugleich malt Glotz die Zukunft einer Gesellschaft an die Wand, in der das Prinzip des „hire and fire", der Teilzeitarbeit anstelle eines festen Berufes, zur Norm wird – er nennt es „Dejobbing": An die Stelle fester Berufsbilder und einigermaßen dauerhafter Jobs treten darin mehr und mehr zeitlich befristete, oft auch in Teilzeit verrichtete Tätigkeiten: „Schon heute ist das größte Unternehmen der Vereinigten Staaten nicht mehr **General Motors** (365 000 Beschäftigte) oder **IBM** (330 000), sondern die Teilzeitagentur **MANPOWER** (565 000)...Kann sich der europäische Sozialstaat auf die unvollständigen Rentenbiographien einstellen, die da entstehen?"

Unis an die Börse!

Die zweite Speerspitze des Angriffs richtet Glotz gegen das klassisch-humanistische Bildungssystem, das, wie es bei

Glotz heißt, den Massenandrang an den Universitäten nur verstärkt und das Wissensniveau verwässert habe. In seinem Buch hebt Glotz vor allem die von **Bertelsmann AG**, **Telekom** und dem Bundesministerium für Bildung und Forschung 1996 in Nordrhein-Westfalen eingeleitete **Aktion Schulen ans Netz** hervor. Dies sei lediglich der Beginn, und „Symbolanalytiker werden dafür sorgen müssen, daß in Zukunft die Kinder die notwendige Media und Computer Literacy erwerben, ein allzu hoher Teil wird aber zu Generation X excluded". Derselbe Glotz war, wie er in seinem Buch *Die beschleunigte Gesellschaft* anmerkt, Moderator des von der **Bertelsmann-Stiftung** ins Leben gerufenen Expertenkreises „Hochschulentwicklung durch neue Medien", in dem postmoderne Szenarien für das Hochschulwesen entwickelt wurden.

„Die europäische Universität ist eine staatliche Institution, kameralistisch bewirtschaftet, regional verankert, ehrenamtlich geführt, in Zünften organisiert", schreibt er verächtlich. In einem internationalen Bildungsmarkt werde dieser Typus der Hohen Schule nicht bestehen können. Statt dessen seien immer mehr die „Brutstätten für Marketing Experten (Branding), Analysten (Market Research), Wirtschaftsinformatiker (Complexity Management) oder Designer digitaler Produkte", gefragt: „Solche Brutstätten leben von einer besonderen Atmosphäre, von besonderen Lehrern, Forschern, von einem besonderen Profil."

Die Regionaluniversitäten würden dementsprechend ihre Bedeutung verlieren. Die Hochschulen müßten sich „Profile" zulegen, d.h. „Unique Selling Propositions". Damit sind renommierte Gelehrte, oder hochbezahlte CEOs irgendwelcher Unternehmen gemeint, wie es sie in den USA gibt. „Aus Universitäten, die wie Regierungspräsidien und Eichämter geführt werden, müssen klug gemanagte Unternehmen" werden, so Glotz.

Die Folgerung: Die Hochschulen müssen privatisiert und dereguliert werden: „Einige Bundesländer sollten den Mut haben, die eine oder andere Spitzenuniversität nach dem Vorbild der Telekom und Post zuerst zu privatisieren und mittelfristig an die Börse zu bringen.“

Beispiele wären die Technische Universität München, die Humboldt-Universität in Berlin oder die sich durch hohe fachliche Qualität auszeichnende Rheinisch-Westfälische Technische Hochschule Aachen. Diese erfolgreichen Universitäten könnten, von bürokratischer Gängelung, notorischer Mittelknappheit und deutschem Beamtenrecht befreit, in wenigen Jahren zu ernstzunehmenden Konkurrenten der universitären Weltunternehmen mit großem Markennamen werden.

Außerdem müßten den Universitäten ihre Grundstücke Gebäude und Großgeräte übereignet werden. Die Länder müßten risikoscheue Professoren versetzen. Sollte dies nicht gelingen, dann gerate Europa in der Wissensökonomie des 21. Jh. unter die Räder. „Denn in einem weltweiten Bildungsmarkt zählen die Markennamen, die ‚Brands‘ “, also Namen wie London School of Economics oder Stanford University. Neben den Hochschulen gelte es, neue Konkurrenten – sogenannte „Corporate Universities“ – entstehen zu lassen, d.h. Weiterbildungsorganisationen großer Unternehmen und private Weiterbildungsunternehmer, die so sehr das Feld übernehmen, daß die Universitäten nur noch eine Grundausbildung, den „bachelor“ geben.

„Das Abendland muß nicht untergehen. Aber ohne eine klug eingefädelte und hart durchgesetzte Reformpolitik versteinert die europäische Universität. Die schwächeren Provinzuniversitäten in Deutschland, Frankreich, Italien, Österreich oder der Tschechischen Republik sind schon heute gleichgültige Berufsschulen für die mittleren Jobs der jeweiligen Region." Die Idee vom Großen Wurf solle man sich aus dem Kopf schlagen. „Die Chance liegt nur im Losbinden der Hochschulen, in der Freisetzung von Konkurrenz, im Überlebenskampf auf hoher See. Man muß die Boote aus dem Hafen scheuchen und riskieren, daß ein paar absaufen. Die meisten werden seetüchtig werden, und einige können ums Blaue Band antreten... Losbinden hieße Budgetierung, also Befreiung von kameralistischer Haushaltssteuerung durch die Bürokratie... Funktionieren kann das nur, wenn die Hochschulen ein Management mit Ellenbogenfreiheit, also neue Leitungsstrukturen bekommen."

Statt Professoren im alten Stile brauche man heute „Mentoren, die sich fürs ‚coaching' nicht zu gut sind". In den USA seien die Präsidenten der Universitäten hochbezahlte CEOs mit 750 000 Dollar Einkommen. Gleichermaßen fordert Glotz, die Gebührenfreiheit an den Universitäten aufzuheben. Denn Studiengänge seien Bildungsprodukte – und je besser diese seien, desto teurer seien sie.

Wertewandel

Mit einer am digitalen Kapitalismus ausgerichteten Bildung gehe ein entsprechender Wertewandel einher: „Das Bildungssystem der Industriegesellschaft war auf Vermittlung sprachlicher, naturwissenschaftlicher, technischer und literarischer Inhalte gerichtet. Die Schulung von Kreativität, sozialer Kompetenz oder Teamarbeit war zweitrangig." Auf keinen Fall werde in der Erziehung der schöpferische Querdenker oder die „autoritäre Persönlichkeit" (ein von Theodor **Adorno** verwendeter Begriff, mit der dieser nach dem Kriege eine Kulturoffensive gegen eine auf klassischem Wertekanon basierende Gesellschaft einleitete) gebraucht. Verlangt und zur Verwertung gerade recht sei in der digitalen Gesellschaft hingegen der egoistische

Anpassertypus: „Wurstigkeit, Chuzpe, Organisationsbegabung, Einordnung, Fleiß, Disziplin."

Bildung bedeutet hier offenbar nicht mehr philologisch-historisches Wissen (u.a. Goethe etc.) und technische Bildung, sondern „handeln können" – und zwar handeln können in bezug auf ein gelingendes Leben der Menschen untereinander, nicht nur als technische Verfügungsgewalt. Und sollten die europäischen Universitäten versagen, dann – so die Prognose – würden **DaimlerChrysler**, Bertelsmann und die Deutsche Telecom sich ihre eigenen Universitäten stricken.

Damit einhergehend werde auch die „klassische Öffentlicheit" abnehmen – ein direkter Affront gegen die klassische Kultur. Die literarische Öffentlichkeit müsse sich vor Elitismus, Hochmut und Verkapselung hüten: „Es geht nicht um Goethe, Heine, sondern die Stichworte heißen: ‚Komplexitätsbewältigung, Kommunikationsfähigkeit, interkulturelle Sensibilität, Kooperationsfähigkeit'." Die neuen Eliten könnten sich nicht durch „klassische Wertetafeln und den Rückgriff auf einen jahrhundertelang bewährten Fundus behaupten".

Außerdem heißt es bei Glotz, es werde unbequem und kostentreibend sein, wenn man mit den neuen Medien nicht umgehen könne: „Wenn die echte Vernetzung einer Gesellschaft 40% erreicht hat, gibt es kein Halten mehr. Der ‚Illiterat' wird, selbst wenn er die Duineser Elegien von Rilke auswendig kennt, zur (bestenfalls wohlwollend geduldeten) skurrilen Figur oder zum Outcast: An einem Alten, der sich vergeblich bemüht, dreihundert Mark aus dem Bankautomaten zu leihen, hasten die Massen gleichgültig verächtlich vorüber." Ähnlich ergehe es einem kaufmännischen Angestellten, der „Word" oder „Excel" nicht beherrscht. „Der Homo connectus muß seine connectivity mühsam erwerben, sonst versagt er, bleibt er ausgeschlossen."

Glotz, der sich in seinen früheren Schriften einer gewissen Faszination **Nietzsches** – „einer der scharfsichtigsten Kritiker der Massenkultur" – nicht erwehren kann und ein ambivalentes Verhältnis gegenüber **Heideggers** Technikkritik empfindet, rundet sein Weltbild, in dem der Stärkere überlebt, mit der Feststellung ab, daß Augustinus' Satz, wonach „ungerechte Staaten sich in Räuberbanden" verwandeln, in der Zukunft nicht gelte. Es gebe keine am Naturrecht orientierte Gerechtigkeit, sondern allenfalls viele verschiedene.

Elisabeth Hellenbroich

Mit der Demontage des sozialen Sicherheitsnetzes unter den Bedingungen der anhaltenden Wirtschaftskrise wächst, wie die Landtagswahlen 2004 in Sachsen und Brandenburg gezeigt haben, die Anfälligkeit der Bevölkerung für populistische Kampagnen. Aber NPD und DVU sind kein „soziologisches Phänomen“: Sie sind Teil der neofaschistischen „Europäischen Nationalen Front“.

Wozu die Synarchisten die NPD und DVU brauchen

Die Wahlerfolge rechtsextremer Parteien bei den Landtagswahlen am 19. September 2004, 6,1% für die **DVU** in Brandenburg und 9,2% für die **NPD** in Sachsen, sollten die Alarmglocken läuten lassen. Zwar ist es nicht das erste Mal, daß rechstextreme Parteien bei Landtags- oder Kommunalwahlen hohe Stimmanteile erreichen, aber diesmal geschieht es in einem zugespitzten Krisenkontext – international und national:

1. Die NPD ist seit Dezember 2002 Teil eines neuen internationalen Aktionsbündnisses um den spanischen synarchistisch-falangistischen Politiker Blas **Pinar**. Dieses neofaschistische Bündnis stellt auch ein terroristisches Potential dar, wobei man an die Zeit der „**Strategie der Spannung**“ in Italien und anderen Ländern denken muß.

2. Unmittelbar nach den Wahlen vom 19. September schlossen DVU und NPD, die sich traditionell immer innerhalb der rechten Szene bekämpft hatten, ein Wahlbündnis für die nächsten Bundestagswahlen.

3. Man hat NPD und DVU benutzt, um die sozialen Massenproteste, besonders die Montagsdemonstrationen gegen Hartz IV in Ostdeutschland, zu diskreditieren. Gleichzeitig werten plötzlich prominente Unterstützer von

Hartz IV führende NPD-Figuren zu seriösen Gesprächspartnern auf.

Angesichts dieser Tatsachen ist ein Szenario vorstellbar, womit die traditionellen Strukturen der deutschen Politik umdefiniert würden: Rechtsradikale und neonazistische Organisationen könnten als politischer Faktor aufgebaut werden, je mehr sich „etablierte" Parteien wie SPD und CDU selbst diskreditieren und aufzulösen beginnen. Dies kann jeder nüchterne politische Beobachter sehen, der aus der Geschichte gelernt hat, denn ein solches Szenario folgt unausweichlich aus der blinden Unterstützung „etablierter" Parteien für eine Schachtsche Wirtschaftspolitik, die Deutschland von synarchistischen Bankeninteressen aufgezwungen wird.[1]

Als Italiener, der die Entwicklungen in Deutschland betrachtet, muß ich die Parallele zu den Geschehnissen in Italien 1992-93 ziehen, als mit der Operation **„Saubere Hände"** die traditionellen antikommunistischen und antifaschistischen Parteien fast über Nacht verschwanden. Niemand wird behaupten, daß sich die Geschichte in Deutschland genauso wiederholen wird. Aber wer die Vorstellung, daß Neonazis in Deutschland politisch wieder eine Rolle spielen könnten, von vornherein ausschließen will, der sollte darüber nachdenken, daß ein Mann, der noch 1989 **Mussolinis** Faschismus öffentlich gepriesen hat, heute Vizepremier der italienischen Regierung ist. Sicherlich hat Gianfranco **Fini** eine beträchtliche Wandlung durchgemacht und sogar im letzten Jahr dem Faschismus und Mussolinis „Sozialrepublik" feierlich abgeschworen. Aber was zählt, ist, daß solche Leute sich als passendes Werkzeug anbieten, eine Außen- und Wirtschaftspolitik umzusetzen, die *im Kern faschistisch ist*, während traditionelle Parteien dafür naturgemäß eher ungeeignet sind, selbst wenn ihre Führung es noch so sehr wollte.

Befassen wir uns nun mit den drei genannten Punkten im einzelnen.

Das neue synarchistisch-neofaschistische Bündnis

Am 16.-17. November 2002 wurde auf einem internationalen Treffen in Madrid die neue synarchistische Internationale gegründet. Zu den beteiligten Gruppen und Personen gehörten die **Fuerza Nueva** und **Falange Español** des ehemaligen Franco-Ministers Blas Pinar; Roberto **Fiore** von der italienischen **Forza Nuova**, der die Hauptrede hielt; Thibault **de la Tocnaye** von der französischen **Front National** des Jean-Marie **Le Pen**, Udo **Voigt** von der NPD; ein Vertreter von **Final Conflict/Third Position** aus England; neonazistische Organisationen aus dem Umfeld der rumänischen **Eisernen Garde**; die argentinische **Partido Popular por la Reconstruccion** (PPR) des Hauptmann a.D. Gustavo **Breide Obeid** und andere neofaschistische Gruppen.

Am 26. Januar 2003 gab es ein Folgetreffen in Madrid, Berichten zufolge, mit 3000 Teilnehmern, auf dem Fiore und Voigt sprachen. Dort stellte Blas Pinar ein neues Bündnis rechter spanischer Parteien, darunter seine Fuerza Nueva, vor, das sich **Frente Español** nennt. Ähnliche Bündnisse werden in allen europäischen Ländern angestrebt. Daraus kann man schließen, daß jetzt genug Geld für solche sonst schwer durchführbare Operationen zur Verfügung steht und solche Gruppen im strategischen Bild der Welt nach dem 11. September 2001 eine Rolle spielen sollen.

Mitte Dezember 2003 folgte Italien dem spanischen Beispiel: **Roberto Fiore** verkündete einen neuen Wahlblock aus neofaschistischen Splitterparteien, darunter die winzige Partei von **Alessandra Mussolini**, der Enkelin des

„Duce". Frau Mussolini wurde Spitzenkandidatin des neuen Blocks, **Alternativa Sociale**, und im Mai 2004 in das Europaparlament gewählt.

Inzwischen hat sich die europaweite faschistische Bewegung formell zur „**Europäischen Nationalen Front**" zusammengeschlossen und im letzten Monat eine gemeinsame Webseite eingerichtet (www.frentenacionaleuropeo.org). Sie veranstaltete zwischen Juli und Oktober „Sommerlager" mit neofaschistischer Indoktrinierung, Konzerten mit Neonazimusik sowie Kampfsportübungen in der Slowakei, Deutschland, Rumänien, Bulgarien und Italien.

Die neofaschistische Umgruppierung ist als Terrorpotential nicht zu unterschätzen. Wie Lyndon **LaRouche** schon vor den Eisenbahn-Bombenanschlägen in Madrid vom 11. März warnte, werden für neue Terrorszenarien Veteranen des Terrors der „Strategie der Spannung" reaktiviert, hinter denen synarchistische Fraktionen in Militär und Geheimdiensten stehen.

Eines dieser Szenarien propagierte Samuel **Huntington** im März 2003 in *Foreign Policy*: einen Bürgerkrieg in Nord- und Südamerika zwischen Hispano-Amerikanern und der „eigenständigen anglo-protestantischen Kultur" der USA. Der Haß auf die Spanisch-Amerikaner, den Huntington bei den „weißen" Amerikanern zu schüren sucht, und der demagogische Antiamerikanismus im Milieu um Blas Pinar, Roberto Fiore und anderen Neofaschisten bilden zusammen eine hochexplosive Mischung. Typisch für diesen Antiamerikanismus war ein Artikel in der argentinischen Zeitschrift *Maritornes*, in deren Beirat Blas Pinar sitzt, am 26. Oktober 2001, in dem die Terrorangriffe des 11. September als „gottgewollt" begrüßt werden.

Vor diesem Hintergrund müssen Netzwerke, wie die von

Von links nach rechts: Adriano Tilgher (Fronte Nazionale Sociale), honorable Alessandra Mussolini (Libertà d'Azione), Rafael López-Diéguez (Generalsekretär der Alternativa Nacional) und Roberto Fiore (Forza Nuova)

Fiores Forza Nuova, als ein terroristisches Potential gesehen werden, das mindestens auf das Jahr 1969, dem Beginn der „Strategie der Spannung“ in Italien, zurückgeht. Nach dem Bombenanschlag auf den Bahnhof von Bologna 1980 – mit über 80 Toten – floh Fiore nach London, wo er unter dem politischen Schutz der Regierung **Thatcher** stand. Er gründete dort die Forza Nuova; den Namen übernahm er praktisch von Blas Pinars Organisation in Spanien, mit der er enge Verbindungen knüpfte.

Spanien wurde unter der **Franco**-Diktatur zum Zufluchtsort für schätzungsweise 16 000 Nazi-Emigranten, darunter berüchtigte SS-Führer wie Otto **Skorzeny**. Den Rahmen bildete eine Absprache des amerikanischen OSS-Chefs Allen **Dulles** mit den SS-Führern **Wolff**, **Dollman** und **Rauff** am Ende des Krieges, mit der SS-„Spezialisten“ in den „antikommunistischen“ Kampf des Westens eingebunden wurden. Kein Wunder, daß unter Franco und

Voigt (vorne) und Fiore (rechts außen)

danach zahllose italienische und andere rechtsextreme Terroristen in Spanien Zuflucht fanden.

Heute vermuten die italienischen Behörden, daß Fiores **Forza Nuova** über eine doppelte Struktur verfügt: eine öffentliche legale und eine parallele verdeckte, die ins terroristische Milieu reicht. Am 14. April 2004, wurden in Bari 15 ihrer Anführer und Mitglieder wegen mutmaßlicher Gewalt gegen politische Gegner, Einwanderer, Minderheiten u.a. verhaftet. Angesichts der engen Zusammenarbeit zwischen Voigt und Fiore sollte man auch die NPD in dieser Hinsicht untersuchen.

Manipulation durch Geheimdienste

Die andere Frage, die man stellen muß, betrifft die Rolle der Geheimdienste bei dem neuen neofaschistisch-synarchistischen Bündnis. Wir wissen spätestens seit der Diskussion um ein Verbot der NPD 1999, daß Voigts Partei massiv von deutschen Diensten unterwandert ist. Man schätzte, daß von den etwa 200 Mitgliedern der Bundes-

und Landesvorstände der NPD mindestens 15% V-Männer des Verfassungsschutzes waren. In Nordrhein-Westfalen war der Fall besonders kraß: Der Landesvorsitzende Udo **Holtmann** war für den Landesverfassungsschutz tätig, sein Stellvertreter Wolfgang **Frenz** für den Bundesverfassungsschutz – und offenbar wußte die andere Behörde jeweils nichts davon. Die starke Unterwanderung war der Grund dafür, daß das Verbot scheiterte. Für das Gerichtsverfahren hätte man die Identität der Agenten aufdecken müssen, oder ihre Aussagen wären nicht verwertbar gewesen.

Die deutschen Sicherheits- und Polizeibehörden sind dem Vernehmen nach stolz darauf, daß sie ein System entwickelt haben, mit dem sie die rechtsextreme Szene erfolgreich unterwandern und kontrollieren, wodurch sie sichergestellt haben, daß in den letzten 50 Jahren keine Partei rechts von der CDU/CSU eine politische Bedeutung erlangte. Wenn man z.B. ansieht, wie die „**Republikaner**" mit der Hilfe von Gerhard **Freys** DVU unschädlich gemacht wurden, scheint diese Behauptung durchaus gerechtfertigt. Die DVU selbst hatte bei Wahlen immer abwechselnd Erfolge und Niederlagen, je nachdem wieviel Geld Frey bereitstellte. Frey schien bislang nie ernsthaft gewillt, eine schlagkräftige Partei aufzubauen. Ähnlich war es mit der NPD.

In den letzten drei Jahrzehnten war die „neofaschistische Gefahr" in Deutschland im wesentlichen eine Medienoperation, die immer genau rechtzeitig auftauchte, das Bild Deutschlands zu verunglimpfen, wenn Bonn oder Berlin politische Absichten erkennen ließ, die Washington, London, Moskau oder auch Paris mißfielen.

Das könnte nun anders werden, denn das Bündnis zwischen DVU und NPD ist ein deutlicher Einschnitt. Dieses Bündnis ist mit Sicherheit Teil der in Madrid abgesprochenen internationalen Strategie, was auch Artikel in der

DVU-Publikation *National-Zeitung* bestätigen. Im Juli 2003 erschien in Freys Zeitung ein Interview mit Blas Pinar, worin dessen Rolle beim Zustandekommen des Bündnisses neofaschistischer und falangistischer Parteien in Spanien hervorgehoben wird. Und im November 2003 interviewte die Zeitung Alessandra Mussolini zu ihrem Austritt aus der Alleanza Nazionale, nachdem AN-Chef Gianfranco Fini der Tradition ihres Großvaters abgeschworen hatte.

Doch es sind nicht nur deutsche Geheimdienste, die deutsche rechtsextreme Gruppen unterwandern. 2002 wurde enthüllt, daß der frühere NPD-Vorsitzende Adolf **von Thadden**, der 1996 starb, mindestens von 1967-76 ein Agent des britischen Geheimdienstes **MI6** war. Der Leiter des Verfassungsschutzes in Hamburg, Hans Josef **Horchem**, kommentierte, MI6 habe sich in Deutschland wie eine Kolonialmacht verhalten. Es gibt keinen Grund anzunehmen, daß sich ausländische Dienste gegenüber nachfolgenden Parteiführungen der NPD anders verhalten haben.

Auch im Falle von Voigts italienischem Verbündeten Roberto Fiore besteht eine Verbindung zu britischen Diensten. Die Zeitschrift *Spotlight* schrieb im Juni 1989, er sei ein MI6-Agent. Dieselbe Vermutung enthält ein Bericht des Ausschusses zu Rassismus und Fremdenfeindlichkeit im Europaparlament aus dem Jahre 1991. Im Dezember 1999 sagte der italienische Antiterrorchef Ansoino **Andreassi** vor einem Parlamentsausschuß aus, Fiore sei von MI6 zumindest geschützt worden. Kürzlich urteilte ein Gericht in Neapel, man dürfe Fiore ungestraft einen Agenten des britischen Geheimdienstes nennen.

Wenn man bedenkt, daß Deutschland wie Italien in den letzten fünf Jahrzehnten Tummelplatz für Geheimdienste waren – inbesondere solchen aus Rußland, DDR, USA, England, Frankreich und Israel –, dann fragt man sich, ob es heute überhaupt einen einzigen bekannten Neonazi ohne derartige Verbindungen gibt?

Neonazis werden salonfähig gemacht

Die *Frankfurter Allgemeine Zeitung* veröffentlichte am 7. Oktober ein aufschlußreiches Profil der neuen Generation der NPD-Führung. Sie scheint ideologisch viel besser vorbereitet zu sein als ihre Vorgänger, die oft kaum fähig waren, einen vollständigen Satz auszusprechen. Leute wie Holger **Apfel**, Alexander **Delle**, Jürgen **Gansel**, Jürgen **Schön** und Uwe **Leichsenring**, die jetzt in den Sächsischen Landtag einziehen, werden wahrscheinlich keine Verfassungsschutzleute dafür brauchen, ihre Reden zu schreiben.

Betrachtet man die Themen der NPD im Wahlkampf in Sachsen, so erhält man den Eindruck, sie sei benutzt worden, um die Bürgerbewegung gegen Hartz IV zu diskreditieren, indem sie das richtige Thema in der Form von fremdenfeindlicher, chauvinistischer oder neonazistischer Demagogie aufgriff.

Am 11. Oktober fand in einer Talkshow im Fernsehsender *N-24* mit dem *Bild*-Journalisten Klaus **Strunz** eine höchst erstaunliche Diskussion statt. Auf der einen Seite saß der frühere SPD-Generalsekretär Peter **Glotz**, auf der anderen der NPD-Vorsitzende Udo Voigt. Mit einer politischen Korrektheit, die ein Zeitungskommentator zutreffend „pervers" nannte, erlaubten Glotz und Strunz es Voigt, seine Ansichten, wie z.B. seine Bewunderung für das Dritte Reich, ganz „demokratisch" zu äußern und sich als Vorreiter des Widerstands gegen Hartz IV aufzuspielen. Täuschen wir uns nicht: Das ist nicht bloß ein „machiavellistischer" Versuch, die Bewegung gegen Hartz IV zu diskreditieren. Soll hier der Neonazismus salonfähig gemacht werden?

Peter Glotz war übrigens einer der ersten, der die SPD von der traditionellen Arbeitnehmerorientierung wegführte, und er propagiert neoliberale Politik. Am 2. Oktober unterzeichnete er eine Zeitungsanzeige gegen die Montagsdemonstrationen mit der Überschrift „Auch wir sind das Volk". Er sitzt in neokonservativen Vereinigungen wie dem „**Konvent für Deutschland**", wo er als nomineller Sozialdemokrat mit bekannten Neoliberalen und Neocons wie Meinhard **Miegel**, Arnulf **Baring** oder Otto Graf **Lambsdorff** zusammenarbeitet.

Der Vorsitzende des „Konvents für Deutschland", der frühere Bundespräsident Roman **Herzog**, ist ein Schüler des bekannten Staatsrechtlers und Grundgesetz-Kommentators Theodor **Maunz**, zu dessen Lehrern wiederum der „Kronjurist" des Dritten Reiches Carl **Schmitt** gehörte. Herzog war von 1958-64 Assistent von Maunz an der Münchner Universität und erhielt seine Habilitation 1964, in dem Jahr, in dem Maunz als bayerischer Kultusminister zurücktreten mußte, weil seine nationalsozialistische Vergangenheit aufgedeckt wurde.[2] Nach Maunz' Tod 1993 berichtete die ARD-Sendung *Panorama*, Maunz habe von 1988-93 Gerhard Freys DVU regelmäßig juristischen Beistand geleistet. Anderen Quellen zufolge veröffentlichte er bis zu seinem Tod anonyme Kommentare in Freys *National-Zeitung*.

Claudio Celani

1. Mit dem Begriff „synarchistisch" bezeichnen wir hier eine Fraktion der internationalen, „liberalen" Finanzoligarchie, die unter schweren Krisenbedingungen auf eine autoritäre, faschismusähnliche Gesellschafts- und Wirtschaftsordnung setzt. Ihre politische Philosophie steht in der Tradition von Carl Schmitt und dessen Schüler Leo **Strauss**.
2. Die Informationen über die Verbindung zwischen Maunz und Herzog stammen aus einem unveröffentlichten Bericht von Hans-Peter Müller: „Einige Anhaltspunkte für die Beziehungen Carl Schmitts und seiner Ideen zum aktuellen politischen und kulturellen Leben der Bundesrepublik Deutschland", Mainz 2003.

Bertelsmann, der erfolgreichste Medienkonzern Deutschlands und Europas, entpuppt sich bei genauerem Hinsehen als wesentlicher Initiator der „Reformen" im Sozial-, Wirtschafts-, Gesundheits- und Bildungsbereich, die von der SPD-Regierung umgesetzt werden. Mit wachsender Unbeliebtheit der Schröder-Regierung setzt der Konzern schon jetzt auf Merkel und die CDU/CSU, damit diese den grundgesetzwidrigen Abbau des Sozialstaates (z.B. durch Privatisierung der Altersvorsorge) weiterführen.

Die Bertelsmann-Stiftung

Motor hinter der Agenda 2010 und Hartz IV

Die aufdringliche Sprache, mit der ein Peter **Glotz** (siehe das vorausgehende Kapitel) seine postmoderne Zukunftsphantasie entwirft, ist charakteristisch für jene Professoren- und Schreiberzunft, die unter dem machtvollen Einfluß der **Bertelsmann** AG und der mit ihr verbundenen Bertelsmann-Stiftung „gleichgeschaltet" wurde, um der Bevölkerung die Reformlügen einzuhämmern. Worte wie Reformstau, Strukturreformen, Entstaatlichung, Deregulierung, Privatisierung, Generationengerechtigkeit und Sozialabbau sollen uns davon überzeugen, daß angeblich einzig ein radikaler Sparkurs und Abbau von Sozialleistungen den Ausweg aus der Wirtschafts- und Finanzmisere weisen kann.

Wie der ehemalige Planungschef im Bundeskanzleramt unter Willy **Brandt** und später unter Helmut **Schmidt**, Albrecht **Müller**, in seinem Buch *Die Reformlüge* richtig darlegt, handelt es sich um „öffentliche Meinungsmacher", die „ein wahnhaftes Gedankenkonstrukt", „eine gedankliche Obsession" verbreiten. In einem Interview im Fernsehsender *Phoenix* wies Müller darauf hin, daß die Bertels-

mann-Stiftung maßgeblich an der Ausarbeitung der Reformagenda 2010 beteiligt war. Auf der Grundlage ihrer Kontrolle über die Medien sorgte sie dafür, daß in allen Medien die von ihr vorgegebene Linie von Professoren (vom Schlage eines Glotz) und anderen eifrigen Schreiberlingen wiedergegeben wurde – und das so lange und so oft, bis es alle glaubten.

Der Hinweis auf die Bertelsmann AG und ihre Stiftung ist sehr aufschlußreich. Denn dieser Medienkonzern mutierte seit seiner Entstehung 1835 von einem Verlag unter Carl **Bertelsmann**, der sich vornehmlich als Verleger christlicher Literatur und als Sprachrohr der pietistischen Erweckungsbewegungen in Westfalen verstand, über den erfolgreichsten Lieferanten von Wehrmachtsliteratur während der Kriegszeit zum führenden Medienkonzern Deutschlands und Europas, den der 1945 aus amerikanischer Kriegsgefangenschaft heimgekehrte **Reinhard Mohn** zielbewußt aufbaute.

Frank **Böckelmann** und Hersch **Fischler** haben die Hintergründe in ihrem Buch *Bertelsmann – Hinter der Fassade* *des Medienimperiums* ausführlich dokumentiert. Das Kapitel „Wie Reformen gemacht werden – Die Bertelsmann-Stiftung und ihr politischer Einfluß" gibt Einblick in die Methode, mit der Deutschlands größter Medienkonzern und dessen Stiftung in den letzten Jahren das geistige Umfeld und die Ideen für die jetzt heiß umstrittene **Agenda 2010** lieferten.

Die reichste Stiftung Deutschlands

Ein Hinweis ist die Feier, mit der am 6. November 2003 in Berlin das neue Haus der Bertelsmann-Stiftung in Berlin, Unter den Linden, eröffnet wurde. Etwa 600 Gäste waren geladen, darunter Prominente aus Politik, Wirtschaft, Medien und Kultur. In dem Buch heißt es: „Die Creme de la Creme scharte sich um **Liz Mohn** und die beiden Hausherren: Günter **Thielen** von der Bertelsmann-AG und Heribert **Meffert** von der Bertelsmann-Stiftung. Bundeskanzler **Schröder** war anwesend. Mit ihm kamen Minister, Politiker, Wirtschaftsgrößen, Schriftsteller, Schauspieler, Stars und Sternchen und die wichtigsten Medien- und Meinungsmacher. Angela **Merkel** vertrat die Opposition von CDU/CSU, Guido **Westerwelle** feierte für die FDP... Weiterhin amüsierten sich: der SPD-Politiker Egon **Bahr**, Daniel **Coats** und Shimon **Stein** aus den amerikanischen und israelischen Botschaften, die Verleger Friede **Springer** und Georg von **Holtzbrinck**, **Telekom**-Chef Kai Uwe **Ricke**, Erich **Sixt**, Rudolf **Miele**, Rolf E. **Breuer** von der **Deutschen Bank**, Bernd **Kundrun** von **Gruner & Jahr**, die Fernsehmoderatorenriege mit Sabine **Christiansen**, Sandra **Maischberger** und Anne **Will**, sowie die beiden Stars aus Bertelsmanns **RTL Group**, Günter **Jauch** und Oliver **Geissen**, der Unternehmensberater Roland **Berger**, die Tennislegende Boris **Becker**, die Schriftsteller Rolf **Hochhuth** und Walter **Kempowski** (der gelegentlich Beiträge für

Bertelsmann-Festschriften verfaßt), die Schauspieler Iris **Berben**, Manfred **Krug**, Ben und Meret **Becker** und so weiter."

In seiner Begrüßungsansprache erklärte Kanzler Schröder, er hoffe, daß von dem neuen Kommunikationszentrum eine Bereicherung des politischen und kulturellen Dialogs in Berlin und Deutschland ausgehen werde. Günther **Thielen** von der Bertelsmann AG hob das „kulturelle Engagement" der Bertelsmann-Stiftung hervor. Hier könne man informieren, kommunizieren und vor allem über aktuelle Themen, brennende Zukunftsfragen und gesellschaftliche Perspektiven diskutieren. Und der Leiter der Bertelsmann-Stiftung **Meffert** verwies darauf, daß sich die Stiftung als „Identifikationspunkt der Reformarbeit" in Deutschland bewährt habe. Sie rege als „think-tank der Republik" die Entscheider zum Nachdenken und Umdenken an. Meffert zitierte Reinhard Mohn: „Wir helfen der Politik, dem Staat und der Gesellschaft, Lösungen für die Zukunft zu finden."

Die Bertelsmann-Stiftung ist die reichste Stiftung Deutschlands und wurde im Jahre 1977 vom Chef der Bertelsmann AG, Reinhard Mohn, in Gütersloh gegründet. In ihrem Präsidium sitzen Reinhard und Liz Mohn; ihnen zur Seite stehen Heribert Meffert und der Politikwissenschaftler Werner **Weidenfeld**. Kaufmännischer Geschäftsführer ist Johannes **Meier**, der seine Karriere bei der amerikanischen Beraterfirma **McKinsey** begann.

Mit mehr als 250 Akademikern versucht die Stiftung, die an zahlreichen Projekten beteiligt ist, überall den Ton an- und die Denkrichtung vorzugeben. In dem Buch von Böckelmann und Fischler heißt es: „In Modellversuchen testen sie unter Praxisbedingungen, was die öffentliche Hand landes-, bundes- und europaweit auf den Weg bringen soll. Große Teile der deutschen Gesundheits-, Hochschul-

und Arbeitsmarktreformen werden von ihnen konzipiert. Die Stiftung versteht sich als Deutschlands führende Reformwerkstatt mit dem Ziel, die Republik aus ihren Sackgassen herauszuführen." Sie warte nicht, bis von anderen Stellen förderungswürdige Konzepte und Projekte an sie herangetragen werden, sondern trete selbst an die entsprechenden Wissenschaftler, Ökonomen und Politiker heran.

Das Schwergewicht lege die Denkfabrik des Bertelsmann-Imperiums auf die Bereiche Arbeits- und Sozialpolitik, Bildungs- und Hochschulpolitik, Gesundheitspolitik und Internationale Verständigung. Das oberste Ziel der Stiftung sei: Förderung der Zukunftsfähigkeit. Die meisten Projekte hätten sich zu Netzwerken entwickelt, betrieben in Kooperation mit Regierungen, Verbänden, Firmen oder Initiativen.

Bildungsreform

Eines der Kernanliegen der Bertelsmann-Stiftung sei die Bildungsreform, in der Mohn den Schlüssel zur Gesellschaftsreform sieht: „Lange Zeit wurden mehr als 50% aller Ausgaben in diesen Bereich investiert." So sei ein großer Nutznießer der Bertelsmann-Gelder das 1994 auf Initiative von Mohn gegründete **Centrum für Hochschulentwicklung** (CHE). Unter der Leitung von Detlef **Müller-Bölig** erstellten dort 20 Mitarbeiter „Hochschul- und Forschungsrankings" und propagierten in Kursen für Hochschulmanagement mehr Produktivität und Effizienz in Forschung und Lehre. „Auf internationalen Symposien über Hochschulmarketing, Qualitätssicherung und Personalmanagement bringt das CHE europäische Universitäten zusammen. Man stellt vergleichende Studien über Hochschulabschlüsse an, um deren Vereinheitlichung in der EU voranzutreiben... Man versucht, per Modellrechnung Studiengebühren an deutschen Hochschulen einzu-

Organigramm Bertelsmann Stiftung

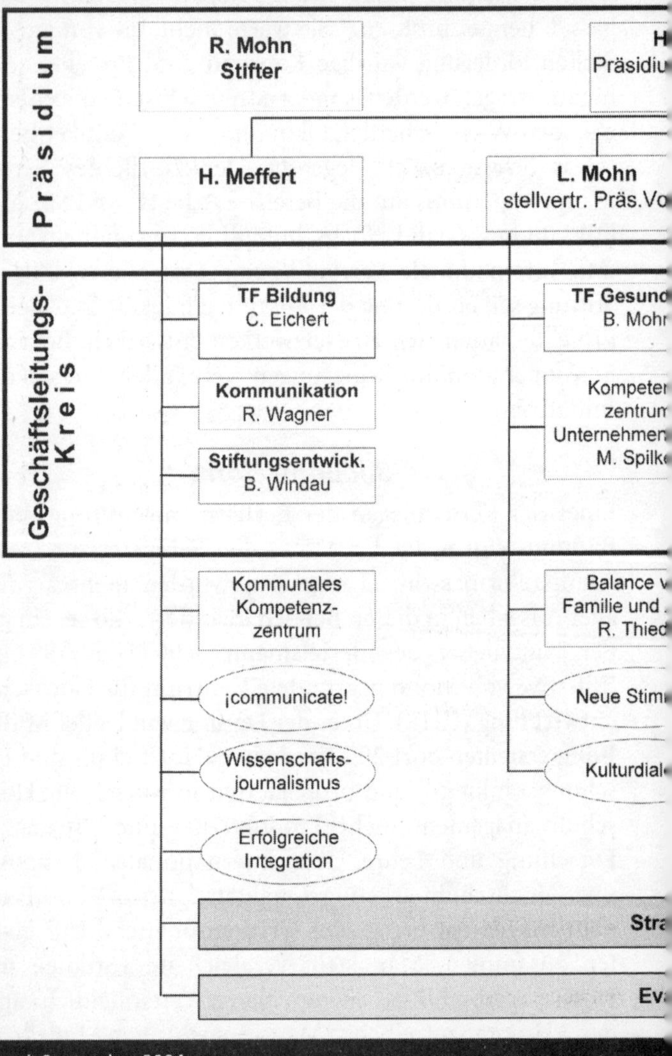

Stand: September 2004

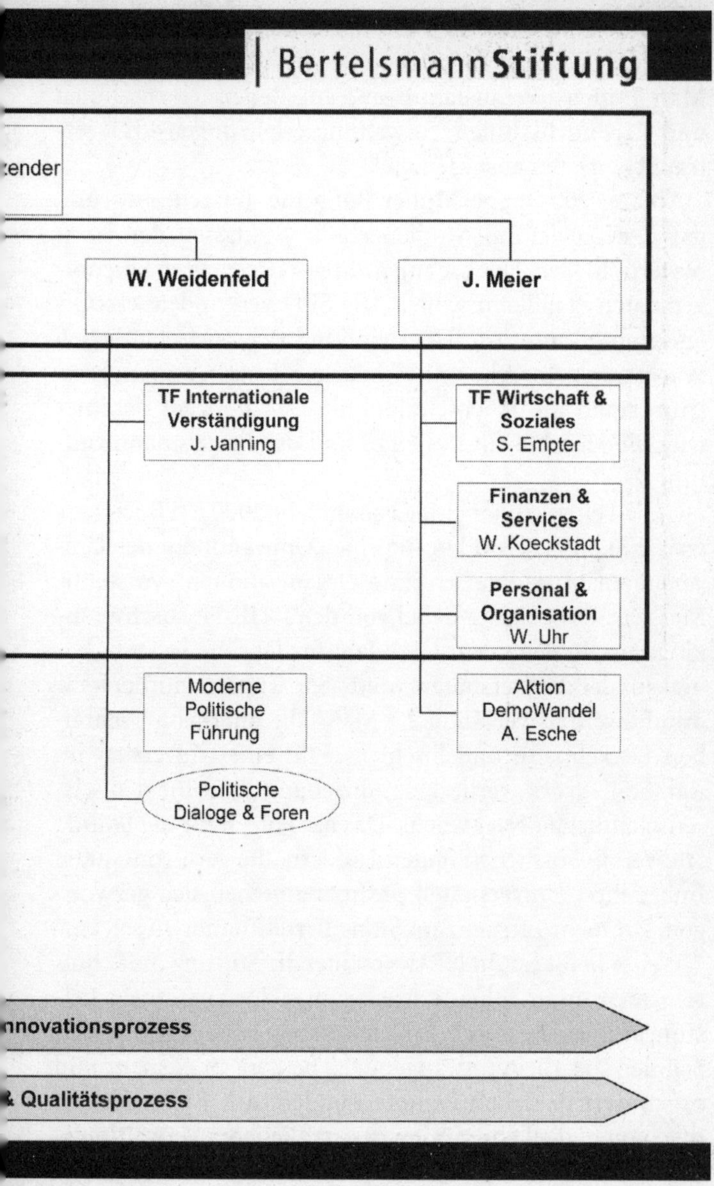
Bertelsmann Stiftung
:ender
W. Weidenfeld
J. Meier
TF Internationale Verständigung
J. Janning
TF Wirtschaft & Soziales
S. Empter
Finanzen & Services
W. Koeckstadt
Personal & Organisation
W. Uhr
Moderne Politische Führung
Aktion DemoWandel
A. Esche
Politische Dialoge & Foren
nnovationsprozess
& Qualitätsprozess

führen, plädiert auf allen Gebieten einschließlich der Professorenbesoldung für mehr Wettbewerb, und vor allem: Man initiiert Veranstaltungen, auf denen Hochschulen und Fachhochschulen Verwaltungserfahrungen und vertrauliche Daten austauschen."

Anfang 2004 habe **Müller-Bölig** die Tatsache begrüßt, daß der Kanzler nun Studiengebühren zulassen, den Wettbewerb an den Hochschulen intensivieren und Eliteuniversitäten etablieren wolle. „Die SPD verkündete ein Offensivprogramm zur Überwindung der wirtschaftlichen Wachstumsschwäche und Arbeitslosigkeit. In seinem Zentrum stand die Hochschulpolitik. Das Konzept dahinter trug die Handschrift des CHE und der Bertelsmann-Stiftung."

CHE-Leiter Müller-Bölig gab im Jahr 2000 ein Buch heraus, in dem er den Plan für eine „Umwandlung der Universitäten in erfolgorientierte Organisationen" vorstellte. Massiver Druck gehe dabei von den CHE-Hochschulrankings aus, in denen das CHE Jahr für Jahr die Leistungsfähigkeit der Universitäten mißt. Sie würden mittlerweile bundesweit als verbindliche Maßstäbe anerkannt, schreiben Böckelmann und Fischler. „Fällt eine Universität im Ranking zurück, verliert sie Anziehungskraft für den wissenschaftlichen Nachwuchs. Das hat Folgen für die Politik. Die Verantwortlichen in den Ländern, die gern vom guten Image ihrer Universitäten profitieren, sehen sich gezwungen, auf mehr Effizienz im Sinne Bertelsmanns zu setzen."

Weiter heißt es: „In NRW gestaltet die Stiftung die Schulreformen. Man führt – wiederum – internationale Leistungsvergleiche durch. Ein Netzwerk von 400 innovativen Schulen bearbeitet drängende Themen praxisnah und organisiert natürlich Expertenrunden. Auf Fachtagungen macht man die Lehrer mit wirtschaftlicheren Verwaltungsmethoden vertraut. Zugleich gesteht die nordrhein-westfälische Landesregierung den Schulen mehr Selbstverwaltung zu."

Eng gestalte sich auch die Zusammenarbeit zwischen Schulen und Bibliotheken. So entwickelte die Stiftung den **Bibliotheksindex** BIX, der die Akzeptanz der Bibliotheken durch die Bevölkerung mißt. Dabei seien die Methoden immer die gleichen: Leistungsvergleiche, Modellversuche, Fortbildung, der Aufbau von Netzwerken und die enge Zusammenarbeit mit den staatlichen Instanzen. „Alles dreht sich um Leistungskennziffern, Kostenrechnungen und Optimierungsmodelle, Rationalisierung und Kostensenkung."

Agenda 2010

Zwischen der Stiftung und der rot-grünen Regierungskoalition bestehe seit 1998 eine Zusammenarbeit. So sei es der Stiftung gelungen, „der Agenda 2010 des Reformkanzlers ihren Stempel aufzudrücken". Dies schreibt auch Albrecht Müller in *Die Reformlüge.* In *Bertelsmann – Hinter der Fassade des Medienimperiums* von Böckelmann und Fischler heißt es weiter: „Bezeichnenderweise ist es nahezu unbekannt, daß die Stiftung die Hochschul-, Gesundheits-, Wirtschafts- und Arbeitsmarktpolitik seit dem Antritt der Regierung Schröder entscheidend bestimmt hat... Daß in Gütersloh erdacht wurde, was Gerhard Schröder und seine Mannschaft derzeit in den demographischen Keller sinken läßt, nimmt in der Presse kaum jemand zur Kenntnis."

Das stark neoliberale Grundkonzept der Agenda 2010 stamme aus den angelsächsischen Ländern; es ziele darauf ab, die Wachstumsschwäche der Wirtschaft durch mehr Innovation und Wettbewerb auf dem Arbeitsmarkt und in den sozialen Systemen zu überwinden.

Dabei liege die Hauptforderung auf „Eigeninitiative" und Kostensenkung: „Seit Anfang der 90er Jahre drängt die Stiftung zu entsprechenden Reformen und empfiehlt drastische Notbehelfe wie die Abschaffung der Arbeitslosenversicherung (die Arbeitnehmer sollen selbst vorsorgen) und eine Halbierung der Sozialabgaben. Alle markanten Reformen der Schröderschen Agenda orientierten sich bisher an Vorarbeiten in den Bertelsmann-Instituten. Von September 1999 bis April 2003 förderte die Stiftung das Projekt der Arbeitslosen- und Sozialhilfe. Hier entstanden die Grundlagen für **Hartz IV**, das groß angekündigte Vorhaben der Bundesregierung, Arbeitslosen- und Sozialhilfe zum sogenannten Arbeitslosengeld II zusammenzulegen...

Im Sommer 2000 ließ man bei Arbeits- und Sozialämtern statistisch überprüfen, wie viele Fälle unkoordiniert doppelt von beiden Stellen bearbeitet wurden. Die Entdeckung von Mißständen war Wasser auf die Mohnschen Mühlen. Ineffizienz! Schon am 1. Dezember 2000 wurde die optimale Zusammenarbeit beider Institutionen gesetzlich vorgeschrieben. Ein halbes Jahr später, im Sommer 2001, unterbreitete die Stiftung Vorschläge zur Umsetzung der neuen staatlichen Vorgaben... Auch die Umstrukturierung der **Bundesanstalt für Arbeit** zur Bundesagentur begleitete Bertelsmann von Anfang an. Schon vor 1995 startete das Projekt ‚Leistungsorientierte Führung in der Bundesanstalt für Arbeit'. Die Einführung der **Job Center** und **Personal Service Agenturen** (PSA) geht auf das Konto von Stiftungsmitarbeitern und Unternehmensberatern bei McKinsey. Das Konzept entwickelten beide Institutionen in Zusammenarbeit mit der Bundesanstalt. Als Berater für die Bundesagentur schlug Bertelsmann einen Mann der Konzernspitze – **Schiphorst** – vor“, der die Anzeige „Auch wir sind das Volk“ mit unterzeichnet hat.

Die Bertelsmann-Stiftung begleite daher mit viel Aufmerksamkeit den Prozeß der Erneuerung durch die Agenda 2010. Wie Böckelmann und Fischler berichten, werden in einem Beschäftigungsranking die Fortschritte der 21 wichtigsten Industrienationen im Kampf gegen die Arbeitslosigkeit verglichen. Man prüfe die Wettbewerbsfähigkeit der Ämter und in der Bildungs- und Hochschulpolitik aufs Genaueste. Es würden Indizes für Wirtschaftlichkeit, Kundenzufriedenheit und Mitarbeiterzufriedenheit in allen kommunalen Verwaltungen erstellt und zugleich die Leistungen der Finanzämter gemessen.

Ein Projekt namens **Unternehmerfreundliche Kommune** ermittele in den 25 größten deutschen Städten die servicefreundlichste Verwaltung. Man erhebt Daten zur Arbeitslosigkeit und Sozialhilfe und publiziert sie als Ranking in der Zeitschrift *Impulse*, die wie der *Stern* zu Gruner & Jahr und damit zur Bertelsmann AG gehört. „Auch in der Gesundheitspolitik leistet die Bertelsmann Stiftung ihren Beitrag... An der Universität Münster finanzieren die Gütersloher ein **Zentrum für Krankenhausmanagement**, das die Verwaltung modernisieren soll. Der Newsletter *Gesundheitsmonitor* publiziert regelmäßig die Ergebnisse von Meinungsumfragen zum Status quo der ambulanten Versorgung in der Bundesrepublik. Ein ‚**Internationales Netzwerk der Gesundheitspolitik**' veröffentlicht Übersichten über die Reformaktivitäten in 16 Ländern."

Zum anderen offeriere die Stiftung unverfängliche Anlässe für zwanglose Begegnungen; wer in Politik, Verwaltung und Medien etwas erreichen will, nutze sie ganz selbstverständlich. Zwischen Stiftung und Politikern, hohen Verwaltungsbeamten, Universitätslehrern, Verbandsfunktionären und Wirtschaftsfachleuten eröffneten sich so vielfältige Möglichkeiten.

Werner Weidenfeld und CAP

Das Medienimperium sei mittlerweile so weit verzweigt, daß kein Politiker eine Absage an die Gütersloher Adresse riskieren kann. Wer von Bertelsmann hofiert werde, erhalte den Ritterschlag: „Im Februar 2004 waren Wolfgang **Clement** und Peer **Steinbrück** zu Gast. Einige Wochen zuvor nahm die Ausländerbeauftragte der Bundesregierung Cornelia **Schmalz-Jacobsen** an einem Experten-Hearing teil. Gerhard Schröder, Joschka **Fischer** und Wolfgang **Schäuble** trafen im Bertelsmann-Forum in der Gütersloher Hauptverwaltung zusammen. 2003 besuchten Angela **Merkel**, Wolfgang Schäuble und Kanzler Schröder gleich mehrmals Veranstaltungen der Stiftung. Gern gesehene Gesprächspartner waren auch Gesundheitsministerin Ulla **Schmidt**, die nordrhein-westfälische Umweltministerin Bärbel **Höhn**, Guido **Westerwelle**, Edmund **Stoiber**, Spaniens früherer Ministerpräsident José Maria **Aznar**, der ehemalige Chef der Bundesanstalt für Arbeit Florian **Gerster**, Bundesinnenminister Otto **Schily** und Ex-Bundespräsident Roman **Herzog**... Die Besuche von Fachministern und Staatssekretären sind noch zahlreicher... Solche Zusammentreffen auf mittlerer und unterer Entscheidungsebene sind tägliche Routine."

Eine führende Rolle spiele dabei Werner Weidenfeld, der in der Bertelsmann-Stiftung offiziell für internationale Zusammenarbeit zuständig ist. Weidenfeld ist seit 1992 Mitglied im Stiftungspräsidium. Praktische Erfahrungen sammelte Weidenfeld in den 80er Jahren als Koordinator der Bundesregierung für deutsch-amerikanische Beziehungen. Seit 1995 ist er als Gründungsdirektor für das **Centrum für Angewandte Politikforschung** (CAP) in München tätig.

Hier entwickelt er in enger Abstimmung mit Bertelsmann „politikfähige Konzepte". Jeder unter den Entscheidungsträgern, der irgendwie von Nutzen sein kann, werde bei Weidenfeld zu Arbeitstreffen, Wochenendseminaren, Expertengesprächen, Symposien, Konferenzen oder Som-

„Im Oktober 2003 nahm Angela Merkel in Bonn den Zukunftspreis der Sozialausschüsse entgegen. Die Laudatio hielt Liz Mohn. Preisverleihungen, an denen Bertelsmann beteiligt ist, kündigen in den meisten Fällen Tendenzwenden an."

(Böckelmann und Fischler)

---

merakademien geladen. Regelmäßig lade die Bertelsmann-Stiftung zu den sogenannten Kronberger Gesprächen ein, einer Expertenrunde, die sich schwerpunktmäßig dem Nahen Osten widmet. Daneben gebe es den „Trialogue of the three: Russia, USA, Europe" – Gespräche, die unter der Regie des englischen Verlegers Lord Weidenfeld regelmäßig stattfinden.

Die Mehrheit der CAP-Mitarbeiter sind zugleich Mitglieder der Bertelsmann-Forschungsgruppe, heißt es weiter. Beim internationalen Bertelsmann-Forum „treffen sich von CAP organisierte Staats- und Regierungschefs und handverlesene Persönlichkeiten zu handverlesenen Themen". Die Foren finden im Hotel Petersberg in Bonn oder im Weltsaal des **Auswärtigen Amtes** in Berlin statt. Diskutiert werde da über die europäische Verfassung, europäische Integration und Außenpolitik, über transatlantische Beziehungen oder den Nahostkonflikt. „Eingebürgert hat sich auch, daß die turnusmäßig wechselnden Repräsentanten der **Europäischen Union** vor ihrem Amtsantritt in einem Schnellkurs der Stiftung für ihre Führungsarbeit gedrillt werden."

Die gemeinsam mit der **Nixdorf**-Stiftung ausgerichtete Sommerakademie „Europa" bindet das Fußvolk auf Ministerial- und Beraterebene ebenso wie den Nachwuchs an der Bertelsmann-Stiftung. Mentoren sind z.B. Stefan **Baron** von der *Wirtschaftswoche*, Fritz **Pleitgen** von der *ARD*, Wolfgang Clement, Hans **Eichel**, Joschka Fischer, Wolfgang **Gerhardt** von der FDP, Katrin **Göring-Eckardt** von den Grünen, Mathias **Leinert** von der Daimler Chrysler AG, Roland **Koch**, Friedrich **Merz**, Heinrich **von Pierer** von der **Siemens** AG, Bernd **Pischetsrieder**, der scheidende **BDI**-Chef Michael **Rogowski** sowie die Eurokommissare Michaele **Schreyer** und Günter **Verheugen**. Aufgeführt ist auch Elmar **Brok**, der Vorsitzende des Auswärtigen Ausschusses des **Europäischen Parlaments**. Er ist gleichzeitig der offizielle Leiter des Brüsseler Bertelsmann-Büros.

Schwenk von Rot-Grün zu CDU-CSU

Der innenpolitisch bedeutsamste Event ist der sogenannte Kanzlerdialog. Alljährlich trifft sich Gerhard Schröder mit seinen Ministern, den Ministerpräsidenten der Länder sowie den Vorsitzenden der Parteien und Bundestagsfraktionen zu einer Klausurtagung – deren Ort, Zeit und Ablauf CAP und Bertelsmann-Stiftung vorschlagen. Im Oktober 2003 redete man unter Bertelsmann-Moderation und Weidenfelds Gesprächsleitung über die „Kursbestimmung deutscher Europapolitik“.

Böckelmann und Fischler unterstreichen in ihrem Buch, daß Schröders Wahlsieg und die Agenda 2010 auf dem Terrain der Bertelsmann-Medien und der Bertelsmann-Stiftung gewachsen ist: „Gerhard Schröder, Joschka Fischer und das rot-grüne Kabinett haben eng mit der Stiftung kooperiert, als es um die Agenda 2010 ging. Bertelsmann hat sie als Köpfe der Agenda ins Licht der Öffentlichkeit gerückt und ist klugerweise vornehm im Hintergrund geblieben. Jetzt bekommt die rot-grüne Koalition die Quittung für die harschen Reformen. Ein weiterer Wahlsieg erscheint unwahrscheinlich. Und bei Bertelsmann beginnt man umzudenken."

Ein erstes Signal für einen möglichen Schwenk sei die Tatsache, daß Tim **Arnold** den Konzern verlassen hat. Er war seit 2002 Sprecher der Bertelsmann-Tochter **Random House** und einst als Kommunikationschef des früheren Chefs der Bertelsmann AG, **Middelhoff**, tätig. Arnold werde jetzt Berater des CDU-Spitzenkandidaten für die Landtagswahl in Nordrhein-Westfalen 2005 Jürgen **Rüttgers**. „Die Wahlentscheidungen im bevölkerungsreichsten Bundesland gelten für gewöhnlich als richtungsweisend. Sollte die CDU die Wahlen gewinnen, besitzen die Mohns und Bertelsmann die besten Voraussetzungen für künftige Kooperationen mit der neuen Landesregierung."

Auch in weiser Vorausschau auf die nächsten Bundestagswahlen erschien in der zweiten Ausgabe der Monatszeitschrift *Cicero* am 29. April 2004 eine überschwengliche Eloge von Liz Mohn über Angela Merkel; sie bescheinigt ihr Sensibilität, Einfühlungsvermögen, Klarheit, Offenheit, Kritikfähigkeit, Geduld, Eindringlichkeit, Fürsorglichkeit, Führungsstärke, Ehrlichkeit, Urteilsfähigkeit, Gerechtigkeitsgefühl, einen mitfühlenden, anpackenden, mutigen, offensiv nachdenklichen und überhaupt gut organisierten Charakter. „Im Oktober 2003 nahm Angela Merkel in Bonn den Zukunftspreis der Sozialausschüsse entgegen. Die Laudatio hielt Liz Mohn. Preisverleihungen, an denen Bertelsmann beteiligt ist, kündigen in den meisten Fällen Tendenzwenden an."

Elisabeth Hellenbroich

Projekt Berlinpolis

Bei dem Projekt Berlinpolis handelt es sich um eine Denkfabrik zur Schulung junger Kräfte aus Wirtschaft und Politik. Gründer ist Daniel Dettling, im Beirat sitzen u.a. Peter Glotz, Rita Süßmuth, Marianne Birthler, Bischof Homeyer und Bischof Wolfgang Huber.

Unter dem Titel „Marke Deutschland – Kongreß der Generationen" veranstaltete Berlinpolis am 26.-27. Juni 2003 in Berlin einen Kongreß und veröffentlichte die Ergebnisse in einer Dokumentation. Im Mittelpunkt der Debatte stand die Frage: Wie soll man den Standort Deutschland durch entsprechende Reformen wettbewerbsfähig machen? Die politischen Entscheidungsträger in Politik und Wirtschaft werden aufgerufen, ihre „Denkblockaden" in gewohnten Denkstrukturen aufzugeben und sich den Reformen zu öffnen. Berlinpolis setzt sich für eine Agenda 2020 ein. Zu den Schwerpunkten dieser Agenda 2020 gehören:

1. Eine Reform der Bildung und Erziehung:

„Eigenverantwortung und Autonomie der Schulen und Hochschulen bei der Auswahl der Lernenden und Lehrenden. Das Beamtentum für Lehrer und Hochschullehrer ist abzuschaffen ...

Deutschland verschwendet einen Großteil seines Humankapitals durch ineffiziente Strukturen, überregulierte Schulen und Universitäten und durch zu wenig Investitionen in die Bildung. Daher fordert die Agenda 2020 mehr Eigenverantwortung und Mitgestaltungsmöglichkeiten ...

Die Bildungsinstitutionen sollten mehr Autonomie, d.h. mehr Eigenverantwortung im finanziellen, personellen und inhaltlichen Bereich erhalten. Sie schließen mit dem Staat Verträge, in denen Zielvereinbarungen und Qualitätsstandards festgehalten sind, und akzeptieren die regelmäßige Überprüfung, ob diese Ziele auch erreicht werden."

2. Einschnitte im Sozialetat:

Unter dem Hinweis, daß in Deutschland eine demographische Veränderung mit der Folge stattfinde, daß „der Anteil der über 65jährigen sich im Verhältnis zur Bevölkerung im erwerbsfähigen Alter zwischen 20 und 65 in den kommenden 40 Jahren verdoppeln wird“, fordert die Dokumentation drastische Einschnitte im Sozialetat: „Unser derzeitiger Sozialstaat wäre dann nicht mehr zu finanzieren. Strukturelle Änderung in der Renten- und Krankenversicherung auf die lange Bank zu schieben, ist daher gefährlich. Mehrheiten für politische Reformen müssen jetzt gewonnen werden ... Der Staat hat sich übernommen ... Die Sozialsysteme sind überfordert, Risiko und Verluste werden sozialisiert. Bürger- und Gemeinsinn fehlen, stattdessen dominiert eine Abzocker- und Subventionsmentalität.“

3. Demontage des Grundgesetzes:

Um den nachdrücklich geforderten Sozialabbau abzusichern, fordern die Autoren der Agenda 2020 eine Verfassungsreform – ein sehr gefährliches Unterfangen. So heißt es unter Punkt 4: „Läßt sich mit dem Grundgesetz und seiner heutigen Form Deutschland 2020 noch regieren? Die Antwort lautet klar nein! Die mittlerweile 54 Jahre alte Verfassung trägt mit dazu bei, daß die Bundesrepublik institutionell bewegungsunfähig geworden ist. Die gesellschaftlichen und wirtschaftlichen Herausforderungen des 21. Jh. verlangen nach neuen Rahmenbedingungen. Erst eine wettergebundene Führung, die einem nachvollziehbaren Krisen-Kompaß folgt, eröffnet neue Handlungschancen für ein Deutschland in guter Verfassung“.

Verfassungsreformen seien nötig im Hinblick auf die Rolle Deutschlands in Europa: „Im Zuge der fortschreitenden politischen Integration und dem Entstehen einer europäischen Verfassung verlagert Deutschland seine Kompetenzen nach Brüssel. Der Bund übernimmt dabei eine Vermittlungsaufgabe zwischen Europa und den Regionen im Lande.“

Weiter heißt es unter dem Stichwort „Generationengerechtigkeit“: „In einer Gesellschaft, in der bald mehr Rentner als Arbeitsfähige leben, ist die Verankerung der Verantwortung für künftige Generationen als Staatsziel in der Verfassung unerläßlich geworden.“ Indem Deutschland den Schritt von der „Konsensdemokratie“ hin zur „Wettbewerbsdemokratie“ mache, müsse die Verfassung daher „flexibel“ auf sich verändernde Rahmenbedingungen reagieren.

So solle das Volk alle 30 Jahre über seine Verfassung abstimmen. „Wird eine bestimmte Mehrheit nicht erreicht, so führt dies automatisch zur Einberufung eines Verfassungskonvents“ – auf dem entsprechende dramatische Einschnitte beschlossen werden.

Mit von der Partie bei „Marke Deutschland“ sind diverse Unternehmen und Institutionen. Berlinpolis arbeitet eng zusammen mit der Stiftung Weltvertrag und dem Global Contract Forum für Global Governance – weltweite Verträge für Nachhaltigkeit. Das Forum wurde im Januar 2002 in Hamburg von 22 Unternehmen, Wissenschaftlern und Studenten gegründet. Es wurde als Stiftung vom Hamburger Senat zugelassen und sitzt im Haus Rissen. Im Kuratorium von Global Contract Forum sitzen PR-Chef Frank Rademacher vom Ulmer Forschungsinstitut für anwendungsorientierte Wissensverarbeitung, der außerdem Mitglied im Club of Rome ist, sowie Ulrich Martin Drescher und Ernst Ulrich von Weizsäcker, ebenfalls Mitglied des Club of Rome.

Diese Initiative arbeitet wiederum eng mit dem Club Budapest zusammen, der unter Mitarbeit von Ervin Laszlo (Club of Budapest) eine Internationale Initiative für einen Globalen Marshall Plan gegründet hat, die seit Oktober letzten Jahres von dem neu gegründeten Bundesverband für Wirtschaftsförderung und Außenhandel (BWA) gestützt wird. Präsident des BWA ist Carl Eduard von Bismarck, Vizepräsidentin Margaritha Mathiopoulis. Thomas Limberger von General Electric sitzt im Vorstand, Vorsitzende des Wissenschaftsrates ist Christine Licci von der Citibank, wissenschaftlicher Beirat Professor Rademacher. *eh*

Der für die Durchsetzung der sogenannten „Reform"-Politik in Deutschland so entscheidende Bertelsmann-Konzern kontrolliert über seine Konzern-Töchter wie die Fernsehsender-Gruppe RTL, den Zeitschriften-Verlag Gruner & Jahr sowie die BMG-Bertelsmann Music Group einen wichtigen Teil der Unterhaltungsindustrie in Europa, insbesondere in Deutschland. Ein Blick auf die internationalen Verflechtungen der Bertelsmann-Gruppe zeigt, wem diese „Brot-und-Spiele"-Kultur nützt.

Der Bertelsmann-Konzern

Wie im Feudalismus: Die kleine Welt der Milliardäre

Der **Bertelsmann-Konzern** beschäftigt weltweit etwa 73 000 Mitarbeiter und erzielte 2003 einen Umsatz von 16,8 Mrd. Euro. 57,6% des Konzerns sind im Besitz der **Bertelsmann-Stiftung**, 25,1% besitzt die **Groupe Bruxelles Lambert** und 17,3% die Familie **Mohn**. Die Stimmrechte werden zu 75% von der **Bertelsmann Verwaltungsgesellschaft** (BVG) vertreten, und dort hat – dafür haben **Liz und Reinhard Mohn** gesorgt – die Familie Mohn die Kapitalmehrheit und damit das Sagen. Liz Mohn übt als Mitglied des Aufsichtsrats, des Präsidiums der Stiftung und der achtköpfigen Bertelsmann-Verwaltungsgesellschaft die größte Kontrolle aus. Sohn **Christoph** ist in den Vorstand aufgerückt und Tochter **Brigitte**, eine promovierte Politikwissenschaftlerin, nimmt ab Januar 2005 im Vorstand der Bertelsmann-Stiftung Platz. Damit hat der 83jährige Reinhard Mohn im Weltkonzern die unangefochtene Position der milliardenschweren Familie sichergestellt.

Die Mitglieder des Vorstands und des Aufsichtsrates bei Bertelsmann sind alle in ein kompliziertes Geflecht von

Bekanntschaften und Beteiligungen im weltweiten Spielkasino der Banken, Versicherungen, Rohstoff-, Nahrungsmittel- und Medienkonzerne eingebunden.

Dr. Dieter H. **Vogel**, der Aufsichtsratsvorsitzende der Bertelsmann AG und ehemalige Vorsitzende des Vorstands der **Thyssen AG,** ist z.B. Inhaber zahlreicher Aufsichtsratsmandate. Neben seinem Mandat bei Bertelsmann hat Vogel den Aufsichtsratsvorsitz bei **Mobilcom AG**, bei der **WCM Beteiligungs- und Grundbesitz AG** Frankfurt und **ABB Asea Brown Boveri AG** inne. Zudem ist er stellv. Aufsichtsratsvorsitzender der **Gerling Industrie-Services AG,** Köln. Er ist außerdem Geschäftsführender Gesellschafter der **Bessemer Vogel & Treichl GmbH** mit Sitz in Düsseldorf und damit europäischer Partner bei **Lindsay Goldberg & Bessemer**, einer Investmentfirma, die von den ehemaligen **Morgan-Stanley**-Managern Alan E. **Goldberg** und Robert D. **Lindsay** gegründet wurde.

Die Groupe Bruxelles Lambert (GBL), die 25% Anteile an Bertelsmann hält, gehört den beiden Milliardärsfamilien **Frère** und **Desmarais**. Für die GBL sitzen Gilles **Samyn**, der Vertraute Albert Frères, und **André Desmarais** im Aufsichtsrat von Bertelsmann. Der Belgier **Baron Albert Frère**, durch sein früheres Stahlimperium der **Charleroi Group** bekannt, machte 1981 zusammen mit Paul Desmarais sen. in Genf aus der Schweizer Niederlassung der französischen Investmentbanken-Gesellschaft **Paribas** die **Pargesa Holding S.A. (Paribas-Geneve S.A.)**, die eine der mächtigsten Investoren-Holdinggesellschaft in Europa ist. Die Pargesa gehört wie die GBL den Familien Frère and Desmarais und wird gemeinsam von ihnen kontrolliert. Sohn **Gérald Frère** ist Vorstandsvorsitzender der **Compagnie Nationale à Portefeuille S.A.** (CNP-NPM) und sitzt in der Nationalbank Belgiens.

Der Kanadier **Paul Desmarais sen.** besitzt mit seiner

Familie die internationale Management- und Holdinggesellschaft **Power Corporation of Canada.** Der ältere seiner beiden Söhne, **Paul Desmarais jun.**, sitzt außerdem im internationalen Beirat von **Barrick Gold.** Seit 1995 steht **Sir George Bush sen.** in seiner Funktion als Ehrenvorsitzender des internationalen Beirats von Barrick an der Spitze dieses Unternehmens.

Pargesa ist beteiligt an den Firmen **Imerys**, der weltweit führende Konzern in der Aufbereitung von Mineralien, **Total** (ehem. **TotalFinaElf**), dem viertgrößten Erdölkonzern der Welt, am Schweizer Nahrungsmittelkonzern **Orior Food** und an der Firma **Suez S.A.**, die auf internationaler Ebene in den wichtigen Bereichen Energie, Wasser und Entsorgung tätig ist. Zur Führungsriege von Suez gehören neben Paul Desmarais jun. und Albert Frère auch **Felix G. Rohatyn** von **Lazard Frères** und als Vorsitzender Gérard Mestrallet.

Gérard **Mestrallet** gehört außerdem zum Aufsichtsrat des französischen Versicherungsunternehmens **AXA**, dem auf deutscher Seite das Aufsichtsratsmitglied von Bertelsmann, Claus-Michael **Dill**, als Vorstandschef der **AXA Konzern AG** angehört. Dill war Mitglied der **Rürup-Kommission**, die das deutsche Gesundheitswesen gründlich ruiniert hat. Mestrallet sitzt außerdem im Hong Kong **Chief Executive's Council of International Advisors** (CECIA), dem mit André Desmarais, Gerald M. **Levin** von **AOL Time Warner** und Peter D. **Sutherland**, dem Vorsitzenden von **BP** und **Goldman Sachs International**, gleich mehrere Mitglieder von David **Rockefellers** und Zbigniew **Brzezinskis Trilateraler Kommission** angehören. Sie alle sind aussichtslos dem krankhaften Wahn verfallen, daß ihnen als Stakeholder und Shareholder die ganze Welt gehört, die sie nach eigenem Gutdünken leichtfertig verspielen können.

Die Eroberung der Weltmärkte gelang dem frühen Global Player Reinhard Mohn im wesentlichen durch Aufkäufe, Übernahmen oder Ausschaltung konkurrierender Unternehmen. Dabei waren die Marktführer und Trendsetter in den USA seine festen Orientierungspunkte. Die „Übernahme von nicht mehr lebensfähigen Firmen und eine(r) Koordination mit Unternehmungen gleicher Interessenlage werden eine in zunehmendem Maße spürbare Form der Marktausweitung sein". (R. Mohn 1964)

Der Bertelsmannkonzern umfaßt heute sechs Geschäftsfelder, wovon jedes wiederum aus Unternehmensgruppen von 50-150 Einzelfirmen (Profit-Center) besteht. Die DirectGroup (Buch- und Musikclubs, Onlineshops), deren wichtigster Bestandteil „Der Club" ist, hat laut Bertelsmann weltweit 55 Millionen Kunden. Die können in 20 Ländern auf vier Kontinenten in Läden, Onlineshops oder per Katalog aus Buch-, CD- und DVD-Angeboten auswählen. Da jedoch in Deutschland und Westeuropa die Mitgliederzahl und der durchschnittliche Umsatz pro Clubmitglied sinken, expandiert Bertelsmann auf den osteuropäischen und asiatischen Märkten, wobei die Bertelsmann-Stiftung nicht selten „kulturell" die Türen für die Anbahnung neuer Megageschäfte öffnet.

In den 70er Jahren übernahm Bertelsmann 74,9% des internationalen Druck- und Verlagshauses **Gruner+Jahr** (Zeitschriften und Druckereien). Es ist der größte Zeitschriftenverlag Europas und der zweitgrößte der Welt. Unter den fast 110 Titeln in 14 Ländern befinden sich *Stern, Brigitte, Capital, Geo, Schöner Wohnen, Essen & Trinken, Gala, P.M.* und die *Financial Times Deutschland*, an der Gruner+Jahr zu 50% beteiligt ist.

1983 gaben Reinhard Mohn und Gerd **Schulte-Hillen**

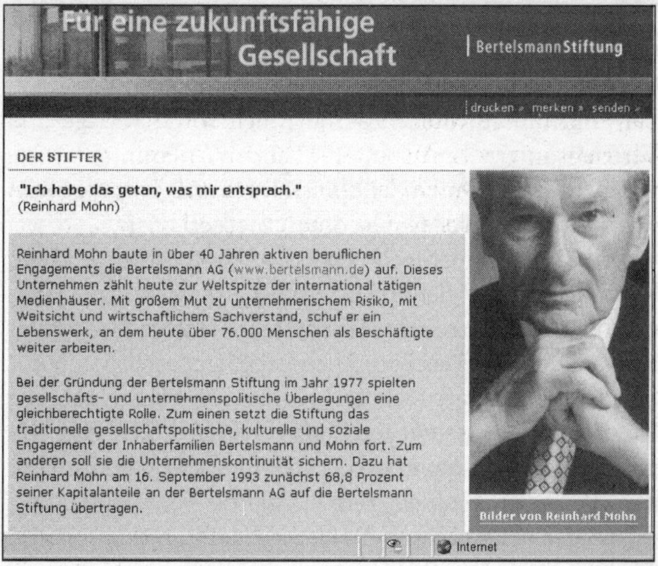
Für eine zukunftsfähige Gesellschaft

BertelsmannStiftung

drucken » merken » senden »

DER STIFTER

"Ich habe das getan, was mir entsprach."
(Reinhard Mohn)

Reinhard Mohn baute in über 40 Jahren aktiven beruflichen Engagements die Bertelsmann AG (www.bertelsmann.de) auf. Dieses Unternehmen zählt heute zur Weltspitze der international tätigen Medienhäuser. Mit großem Mut zu unternehmerischem Risiko, mit Weitsicht und wirtschaftlichem Sachverstand, schuf er ein Lebenswerk, an dem heute über 76.000 Menschen als Beschäftigte weiter arbeiten.

Bei der Gründung der Bertelsmann Stiftung im Jahr 1977 spielten gesellschafts- und unternehmenspolitische Überlegungen eine gleichberechtigte Rolle. Zum einen setzt die Stiftung das traditionelle gesellschaftspolitische, kulturelle und soziale Engagement der Inhaberfamilien Bertelsmann und Mohn fort. Zum anderen soll sie die Unternehmenskontinuität sichern. Dazu hat Reinhard Mohn am 16. September 1993 zunächst 68,8 Prozent seiner Kapitalanteile an der Bertelsmann AG auf die Bertelsmann Stiftung übertragen.

Bilder von Reinhard Mohn

Internet

für die Beschaffung der „Originale" von Adolf Hitlers „Tagebüchern" (*Stern*) 9,3 Millionen D-Mark aus. Konsequenzen hatte die Fälschung aber nur für den Starreporter Gerd Heidemann und den Fälscher Konrad Kujau, sie kamen ins Gefängnis, und für die Chefredakteure Peter Koch und Felix Schmidt, sie mußten zurücktreten. Schulte-Hillen mußte strampeln, um die Schmach loszuwerden, nur Reinhard Mohn behielt eine reine Weste.

1998 übernahm Bertelsmann mit der Buchverlagsgruppe **Random House** die größte Buchverlagsgruppe der Welt, zu der mehr als 100 Verlage in 16 Ländern gehören, wie z.B. **Bantam Dell Publishing Group** (New York), **Crown Publishing Group** (New York), **Doubleday Broadway Publishing Group** (New York), **C. Bertelsmann Verlag** (München), **Wolf Jobst Siedler Verlag** (Berlin), **Goldmann Verlag** (München).

Bertelsmanns Musiksparte **BMG-Bertelsmann Music Group** (Musikproduktion und -vertrieb) hat kürzlich mit **Sony** fusioniert, gehört zu den weltgrößten Musikkonzernen und umfaßt mehr als 200 Labels sowie Verlage und Vertriebsunternehmen in 40 Ländern, darunter *Arista Records, BMG Ariola, Columbia Records Group, RCA Records, RCA Victor Group, Sony Classical, Verity.*

In den letzten Jahrzehnten erlitten das Musikgeschäft, Random House, die Buch- und Musikclubs und Gruner+Jahr gemessen am Gesamtumsatz des Unternehmens starke Einbußen. Das Fernsehen hatte bei Bertelsmann seinen Siegeszug angetreten und repräsentiert heute über ein Viertel des gesamten Geschäftsvolumens. Das Buchgeschäft, das Bertelsmann in den 50er und 60er Jahren zu seinen enormen Profiten verhalf, wurde vom „Entertainment" der neuen Massenmedien überrollt. Nur die **arvato AG** konnte noch mithalten und verbesserte ihren Anteil am Gesamtvolumen im Jahre 2003 von 15 auf 21%.

Die arvato AG ist vollständig im Besitz von Bertelsmann und bietet in 27 Ländern auf vier Kontinenten Dienstleistungen unterschiedlichster Art: Offset- und Tiefdruck, Logistik, Adreß- und Datenbankmanagement, Servicecenter und Finanzdienstleistungen, Informationstechnologie im Internet und Wissensmanagement sowie die Produktion von Speichermedien wie CDs, CD-ROMs und DVDs. Zur Unternehmensgruppe gehören u.a. **arvato direct services** (Gütersloh), **arvato logistics services** (Gütersloh), **AZ Direct** (Gütersloh), **MOHN Media** (Gütersloh), **Elsnerdruck** (Berlin), **GGP Media** (Pößneck), **maul-belser** (Nürnberg), **arvato systems** (Gütersloh), **inmediaONE** (Gütersloh), **Sonopress** (Gütersloh).

Zu arvatos Kunden gehören Banken und Sparkassen, Bahn- und Fluggesellschaften, Unternehmen der IT- und Telekombranche, Brauereien, Verbände, Stiftungen, Universitäten und kommunale Institutionen, außerdem unterhält sie Callcenter, z.B. für die **Deutsche Bahn** und den **ADAC**.

Zum Konzern **Deutsche Post World Net**, der die **Deutsche Post AG**, die **Postbank** und den Versandspezialisten **DHL** umfaßt, pflegt Bertelsmann ein besonders inniges Verhältnis. Der Pressesprecher der Bertelsmann AG, Gert **Schukies**, ging 1990 als Direktor der „Konzernkommunikation" zur Deutschen Post AG und später zu Deutsche Post World Net. Sein Nachfolger bei Bertelsmann, Manfred **Harnischfeger**, folgte ihm 2003 und zwar zur Deutschen Post. Außerdem bekam Klaus **Zumwinkel**, der langjährige Vorstandsvorsitzende der Deutschen Post AG, vor einigen Jahren einen Sitz im Kuratorium der Bertelsmann-Stiftung. Der Umgang mit Millionen von Kundenadressen durch die **Deutsche Post Adress GmbH**, einem Gemeinschaftsunternehmen der Deutschen Post und Bertelsmann, veranlaßte eine deutsche Datenschutzinitiative dazu, der Deutschen Post AG den „Big Brother Award" zu verleihen. Bereits der Bundesbeauftragte für Datenschutz hatte für die Jahre 1996/1997 die Praxis der „Adressenwäsche" des Unternehmens gerügt.

Den größten Anteil am Jahresergebnis von Bertelsmann im Jahre 2003 hatte jedoch mit 40% die **RTL Group** (Fernsehen, Radio, Programmproduktion und Rechtehandel). Sie wird zu 90,2% von Bertelsmann kontrolliert und ist der europäische Marktführer im werbefinanzierten Fernsehen und Hörfunk sowie in der Fernsehproduktion. Zu ihr gehören ganz oder teilweise 23 Fernseh- und 22 Radiosender in acht Ländern, wie z.B. *RTL Television, Super RTL, VOX* und *n-tv, RTL-Radio* sowie große „Content-Unternehmen" wie **FremantleMedia GmbH, UFA Film & TV Produktion** und **Universum Film**. 1996 hatte die Bertelsmann-Tochter Ufa Film- und Fernseh GmbH mit der

Compagnie Luxembourgeoise de Télédiffusion (CLT) zur **CLT-UFA** fusioniert, diese vier Jahre später mit der britischen Gesellschaft **Pearson TV**.

Im Februar 2001 kaufte Thomas Middelhoff den gesamten RTL-Anteil der von Albert Frère geführten Investorengruppe Groupe Buxelles Lambert (GBL) für 25,1% der Anteile an der Bertelsmann AG, und damit verfügte Bertelsmann über eine Zweidrittelmehrheit bei *RTL*. Reinhard Mohn hatte sein Ziel, eine eigene Senderfamilie zu besitzen, erreicht.

Mit Senderclubs, Fangemeinden, Talkshowarenen, Daily Soaps, Teleshoppingbasaren und Ereignisfernsehen werden die Zuschauer emotional aufgeheizt, um mitzumachen, ihr Gehirn abzuschalten und sich in willige Mitglieder des RTL Clubs zu verwandeln.

Durch Sendungen wie z.B. *Gute Zeiten, schlechte Zeiten*, die beliebteste Daily Soap im deutschen Fernsehen, von der seit 1992 fast 3000 Folgen ausgestrahlt wurden, oder *Deutschland sucht den Superstar*, dem größten Erfolg in der 170jährigen Unternehmensgeschichte von Bertelsmann, und schließlich der „Ekelserie" *Ich bin ein Star – Holt mich hier raus!* wird die Menschlichkeit und die Menschenwürde mit Füßen getreten.

Von *Spiegel*-Redakteuren auf die Dschungelserie angesprochen, verwarf Gerhard **Zeiler**, der Chef der RTL Group, etwaige moralische Bedenken mit den Worten: „Die Eigentümerfamilie Mohn transferiert einen Großteil ihrer Gewinne, zu denen wir einiges beisteuern, in die Bertelsmann Stiftung, um dort gesellschaftspolitische Projekte anzustoßen. Da ist es wohl legitim, von sozialer Verantwortung und Ethik zu reden."

Es gibt viele Gründe, warum wir nicht von Bertelsmann regiert werden wollen.

Stephan Marienfeld

Meinhard Miegels 2003 gegründeter „Bürgerkonvent" ist die radikalste unter den synarchistisch-neokonservativen Organisationen in Deutschland, die dem Sozialstaat und der Verantwortung souveräner Regierungen für das Gemeinwohl ihrer Bürger den Todesstoß versetzen wollen. Miegels Weltbild deckt sich mit dem radikalen Kulturpessimismus eines Nietzsche und Schopenhauer, die zu den geistigen Vätern des Faschismus gehören und in deren Augen nur eine kleine, selbsternannte Elite in der Lage ist, die Menschenmasse zu führen.

Deutschlands Neocons bekämpfen das Grundgesetz

In der gegenwärtigen Endphase des Zusammenbruchs des Weltfinanzsystems beginnt die synarchistische Finanzoligarchie offen totalitäre „Lösungen" zu propagieren, die dem Programm der internationalen LaRouche-Bewegung für eine geordnete Reorganisation des Weltfinanzsystem durch die Zusammenarbeit souveräner Nationen für den Wiederaufbau der Weltwirtschaft diametral entgegenstehen.

Dazu paßt, daß in der Londoner *Financial Times* vom 27./28. November auf zwei Seiten die Ideologie und Zielsetzungen des „konservativen Revolutionärs" Meinhard **Miegel** präsentiert wurden. Miegel sieht, laut *FT*, Deutschland in „einen Wagnerschen Abgrund von wirtschaftlichem und sozialem Chaos" taumeln. Illustriert wird der *FT*-Artikel mit einem Farbfoto der Schlußszene von Richard **Wagners** „Götterdämmerung".

Die Politik der Angst

Miegel und sein 2003 gegründeter **Bürgerkonvent** wurden seit langem von Helga **Zepp-LaRouche** und der **Bürger-**

Die *Financial Times* vom 27./28. November 2004 präsentiert auf zwei Seiten die Ideologie und Zielsetzungen Meinhard Miegels.

rechtsbewegung Solidarität (BüSo) als radikalste der synarchistischen-neokonservativen Bewegungen in Deutschland identifiziert, die dem Sozialstaat und der Verantwortung souveräner Regierungen für das Gemeinwohl ihrer Bürger den Todesstoß versetzen wollen. In den Augen dieser Kreise ist jetzt der Zeitpunkt für einen fundamentalen Umsturz der bisherigen – nicht nur wirtschaftlichen und sozialen – Ordnung gekommen.

„Der Fluchtpunkt" der heutigen radikal neoliberalen und neokonservativen Bewegungen sei „die Anarchie der Märkte", bemerkte kürzlich ein deutscher Journalist ganz zu recht. In den 30er Jahren schälten sich aus den verschiedensten Bewegungen der „Konservativen Revolution" schließlich die Nazis als „international akzeptierte Kraft" heraus.

Der *FT*-Artikel macht deutlich, daß Meinhard Miegel den Untergang geradezu begrüßt: „Die Erfahrung zeigt, daß ohne Katastrophen von wahrhaft existentiellen Ausmaßen Menschen kaum dazu gebracht werden können, ihr Verhalten zu ändern." Für ihn können sich Krisen und Widersprüche nur „in Schmerz auflösen", wie es sein Freund Kurt **Biedenkopf** ausdrückte – natürlich nur in dem Schmerz der *anderen*, möchte man hinzufügen. Miegels Weltbild deckt sich mit dem radikalen Kulturpessimismus eines **Nietzsche** und **Schopenhauer**, die zu den geistigen Vätern des Faschismus gehören und in deren Augen nur eine kleine, selbsternannte Elite in der Lage ist, die Menschenmasse zu führen.

Das Prinzip, gezielt Terror einzusetzen, um Menschen in die gewünschte Richtung zu lenken, war die Methode der Inquisition, die auch von **Napoleon** oder **Hitler** angewandt wurde. Verängstigte Menschen sind zu allem bereit, um realen und eingebildeten Schrecken zu entfliehen. Seit jeher richtet sich die „Politik der Angst" gegen die Vernunftfähigkeit des Individuums und das Prinzip des Nationalstaats, der für das Gemeinwohl aller Bürger sorgt.

Beides sind Errungenschaften der Renaissance des 15. Jahrhunderts, wodurch zugleich das stetige Bevölkerungswachstum in Europa möglich wurde – insbesondere seit dem Ende des Dreißigjährigen Krieges, als 1648 das Inferno der Glaubenskriege endlich mit dem Westfälischen Frieden sein Ende fand. Das, so Herr Miegel, sei nun unwiderruflich vorbei. Miegel behauptet, daß der Anstieg der relativen potentiellen Bevölkerungsdichte, der eine Ordnung gemäß dem Prinzip des Gemeinwohls voraussetzt, jetzt vorbei sei und auch für die Zukunft nicht mehr gelten könne! Die „Realitäten des demographischen Wandels" in Europa zeigten, daß das Wachstum der Bevölkerung in Europa nicht mehr möglich sei.

Miegel weiß genau, was diese Aussage bedeutet: „Die Bevölkerung dieses Landes ist seit dem Ende des Dreißigjährigen Krieges 1648 immer angestiegen. Der Glaube an eine ständig wachsende Bevölkerung ist die Grundlage, auf der alles, was uns wert ist, ruht: unsere Institutionen, Kunst, Kultur; unsere Wirtschaft und unser Wohlfahrtsstaat." Dies alles sei überholt, und könne nicht aufrechterhalten werden. Die „Lösung" liegt nach Miegels Vorstellungen darin, die Kosten einer alternden Gesellschaft zu senken. „Unsere Demographie ist zu teuer", weshalb die Gesundheits-, Renten- und andere Sozialsysteme drastisch zusammengestrichen und die Löhne gesenkt werden müßten. Im Zeitalter der Globalisierung werde es laut Miegel bald einen „Weltpreis für Arbeit" geben, durch den die deutschen Löhne, Arbeitslosenhilfen und Renten radikal gesenkt werden würden.

Aber es kommt noch besser. Miegel erklärt das deutsche „Wirtschaftswunder" nach dem 2. Weltkrieg schlichtweg zu einer geschichtlichen „Verirrung", zu einem Unfall der Geschichte: „Die letzten 50 Jahre sind wir auf Gold herumspaziert. Das Bruttoinlandsprodukt hat sich seit den 50er Jahren verfünffacht. Dafür gibt es nirgendwo auf dem Planeten ein historisches Vorbild."

Natürlich fiel dieser Wirtschaftsaufschwung nicht vom Himmel, sondern war das Ergebnis einer bewußten dirigistischen Politik unter dem gut funktionierenden Weltfinanzsystem von **Bretton Woods**, das 1944 auf Initiative Franklin Delano **Roosevelts** geschaffen worden war. Damals gab es feste Wechselkurse, staatliche langfristige Kredite für produktive Investitionen, wie zum Beispiel durch die **Kreditanstalt für Wiederaufbau** (KfW) in Deutsch-

Während der schweren Wirtschaftskrise im Ruhrgebiet in den 80er Jahren, die den „Marsch in die nachindustrielle Gesellschaft“ mit dem Abbau von Kohle- und Stahlproduktion begleitete, meinte Herr Miegel, drei Millionen Menschen im Ruhrgebiet sollten am besten von dort fortziehen oder Deutschland ganz verlassen.

land, und die Entwicklung langfristiger Handelsverträge zwischen den Nationen. Das Prinzip langfristiger Investitionen statt kurzfristiger Spekulation sorgte für einen langanhaltenden Wirtschaftsaufschwung in Europa bis zum Ende des Bretton Woods Systems 1971.

Dieses wirtschaftliche Wachstum ermöglichte erst die Existenz der europäischen Sozialsysteme, die auf der Idee der Würde des Menschen beruhen, die es auch materiell zu schützen gilt. Dies ist ein Ausdruck der christlich-humanistischen Zivilisation Europas.

Genau dagegen polemisiert Miegel geradezu haßerfüllt: „Europa hat die Welt europäisiert. Die ganze nördliche Hemisphäre ist kulturell europäisch. Die Werte sind dieselben. Das war nicht normal, sondern ein explosives, blasenartiges Wachstum. Es wäre verrückt zu denken, daß das immer so weiter gehen kann."

Aber Meinhard Miegel geht noch einen – und zwar entscheidenden – Schritt weiter: „Was immer wir tun, wird zu wenig und zu spät sein. Wir verfügen nicht mehr länger über den Luxus eines organischen Wandels." Sind die demokratische Republik und der Rechtsstaat ein „Luxus", den man sich nicht länger leisten kann?

Aus dem *FT*-Artikel geht deutlich hervor, daß Miegel die Demokratie verachtet. Einerseits habe die Politik „überhaupt keine rationale Grundlage" und Politiker besäßen kein „Rückgrat", um „schmerzhafte" Entscheidungen durchzusetzen, andererseits hätten „die meisten Menschen gar kein Interesse an Politik". Zudem hätten die „deutschen Wähler aufgehört, einen konstruktiven Beitrag zur Politik zu leisten", während die Politiker nur noch über „die Stimmung ihrer Wählerbasis reden". Für Miegel taugen also Politiker wie Wähler gleichermaßen nichts!

Und deshalb ruft Miegels Bürgerkonvent auch offen dazu auf, das existierende Parteiensystem abzulösen. Für ihn ist die humanistische Dimension demokratischer Politik, daß gewählte Politiker zumindestens ansatzweise immer noch die Bevölkerung repräsentieren müssen, „ein Hindernis für rationale Entscheidungsfindung".

Miegels Karriere

Miegel gründete gemeinsam mit Kurt Biedenkopf 1977 das Bonner **Institut für Wirtschaft und Gesellschaft**, eine

Zbigniew Brzezinski

neokonservative Denkfabrik, die sich mit Fragen der Bevölkerungsentwicklung und der Zukunft der staatlichen Sozialsysteme beschäftigt. Beide, Biedenkopf (bis dahin CDU-Generalsekretär) und Miegel als sein enger Mitarbeiter in der CDU-Parteiführung, waren maßgeblich daran beteiligt, den Wandel der CDU von einer christlich orientierten und dem wissenschaftlich-technischem Fortschritt verpflichteten Partei hin zu einer neoliberalen und vergrünten Partei zu vollziehen.

Das war Teil eines Wertewandels im Westen insgesamt, der insbesondere von den anglophilen, Roosevelt-feindlichen Kreisen des US-Ostküstenestablishments vorangetrieben wurde – Leuten wie McGeorge **Bundy** oder Zbigniew **Brzezinski**, einer der prominenten Fürsprecher der

Triple Revolution. Diese proklamierten die Ära der „Dienstleistungsgesellschaft" und des supranationalen „technotronischen Zeitalters". Die Industriegesellschaft, der souveräne Nationalstaat und die Idee der humanistischen Charakterbildung für alle Menschen wurden für altmodisch und überholt erklärt.

Der Hintergrund für diese ideologische „New Age"-Revolution war die Weigerung einflußreicher oligarchischer Finanzkreise, das auf dem Dollar basierende Weltfinanzsystem gründlich zu reformieren, aber die bewährten Prinzipien des alten Bretton-Woods-Systems beizubehalten, vor allem zum Zweck langfristiger Industrie-, Infrastruktur- und Entwicklungsinvestitionen. Statt dessen wurde im August 1971 die Abkehr vom System fester Wechselkurse und die Hinwendung auf ein auf kurzfristige Gewinnmaximierung ausgerichtetes Weltfinanzsystem beschlossen – mit dessen Zusammenbruchsphase wir es heute zu tun haben.

1973 wurde die **Trilaterale Kommission** unter Vorsitz von Zbigniew Brzezinski gegründet, die es sich zum Ziel setzte, parallel zu den „wünschenswerten Grenzen" wirtschaftlichen Wachstums neue „Grenzen" der Demokratie durchsetzen, die ja nicht in der Lage sei, der „Bevölkerung solche Opfer aufzubürden", wie sie unter Krisenbedingungen erforderlich seien. Man sieht hier, wovon Herr Miegel inspiriert ist. Lyndon **LaRouche** nannte damals den *Bericht über die Regierbarkeit von Demokratien* der Trilateralen Kommission einen Plan für „Faschismus mit demokratischem Gesicht".

Einer der Mitglieder der Trilateralen Kommission war neben dem neoliberalen Otto Graf **Lambsdorff** auch Meinhard Miegels Freund Kurt Biedenkopf, der in der Folge eifrig das neue Paradigma in Deutschland verbreitete. Dazu gehört die Ideologie des **Club of Rome**, der wegen angeblicher „Grenzen des Wachstums“ ein Ende der „Bevölkerungsexplosion“ und die Abkehr vom wissenschaftlich-technischen Fortschritt fordert. Biedenkopf machte sich auch einen Namen als Vertreter des **Kommunitarismus**, mit dem die Menschen auf die „Politik der lokalen Angelegenheiten“ reduziert werden sollen, wobei mit allerlei Sprüchen wie „Global denken, lokal handeln“ hantiert wird. Dabei geht es in einer schrumpfenden Wirtschaft natürlich nur darum, „freiwillig den Gürtel enger zu schnallen“.

„Europa hat die Welt europäisiert. Die ganze nördliche Hemisphäre ist kulturell europäisch. Die Werte sind dieselben. Das war nicht normal, sondern ein explosives, blasenartiges Wachstum. Es wäre verrückt zu denken, daß das immer so weiter gehen kann.“

(Miegel)

Die Karriere des Meinhard Miegel ist eng verflochten mit den Interessen dieser neokonservativen Finanzkreise des anglo-amerikanischen Establishments, die seit Ende der 60er Jahre den ruinösen Marsch in die nachindustrielle Spekulationsgesellschaft auch in Deutschland einleiteten. Miegel studierte, ebenso wie sein Freund Kurt Biedenkopf, an der Frankfurter Universität bei Heinrich **Kronstein**, einem Deutsch-Amerikaner, der während seiner Emigration in den USA ab 1937 für das amerikanische Justizministerium als Spezialist für deutsches Kartellrecht arbeitete.

Kronstein war wesentlich an der Wirtschaftsplanung für das Nachkriegsdeutschland, vor allem mit den Roosevelt-Gegnern John J. **McCloy** und George **Ball**, beteiligt. Kronstein verschaffte Miegel ein Stipendium für die Georgetown-Universität in Washington, eine der Eliteschmieden des anglo-amerikanischen Establishments. Er kehrte 1961 mit einem Magistergrad für Philosophie und Politikwissenschaft nach Deutschland zurück.

1970-71 wurde Miegel bei der Firma **Henkel** in Düsseldorf als Anwalt für Wirtschafts- und Kartellrecht angestellt und arbeitete als Assistent der Geschäftsleitung. Bei der Firma Henkel machte auch Kurt Biedenkopf Karriere, bevor sein steiler Aufstieg in der CDU begann, deren Generalsekretär er 1973 wurde. Meinhard Miegel wurde sein Assistent und fungierte von 1973-77 als Chef der wichtigen Abteilung für Politik, Information und Dokumentation in der CDU-Parteizentrale in Bonn. Dann mußte Kurt Biedenkopf schließlich wegen seiner damals noch zu radikalen grünen und neoliberalen Ideologie, die zu massiven Wahlverlusten für die CDU geführt hatten, seinen Sessel räumen.

Nach der Wende 1989 fand Herr Miegel ein Plätzchen als Assistenzprofessor an der Universität Leipzig – wiederum im Windschatten Kurt Biedenkopfs, der nun als sächsischer Ministerpräsident zwölf Jahre lang im ostdeutschen Bundesland Sachsen sein Lieblingsprojekt, die Transformation einer Industriegesellschaft in eine „nachindustrielle Gesellschaft", verfolgte. Von 1992-98 war Miegel Direktor des **Zentrums für Internationale Wirtschaftsbeziehungen** in Leipzig.

Es waren die „internationalen Wirtschaftsbeziehungen", die, nach dem gewaltsamen Tod des Treuhand-Chefs **Rohwedder** 1991, unter der neuen anglophilen Chefin Birgit **Breuel** und mit kräftiger Hilfe amerikanischer Beratungsagenturen im Tandem mit der IWF-Schocktherapie gegenüber Rußland und den anderen osteuropäischen Ländern, den Osten Deutschlands wirtschaftlich zugrunde richteten.

Miegels Beitrag dazu waren Bücher über die kommenden großen „Migrationsbewegungen armer Wanderarbeiter“, die aus dem Osten kommend sich nach Deutschland bewegen würden, oder seine Feststellung, die hoch verschuldete Bundeshauptstadt Berlin habe einfach eine Million „überzähliger“ Einwohner. Während der schweren Wirtschaftskrise im Ruhrgebiet in den 80er Jahren, die den „Marsch in die nachindustrielle Gesellschaft“ mit dem Abbau von Kohle- und Stahlproduktion begleitete, meinte Herr Miegel, drei Millionen Menschen im Ruhrgebiet sollten am besten von dort fortziehen oder Deutschland ganz verlassen.

Gleichzeitig war Herr Miegel von 1995-97 als Vorsitzender der **Kommission für Zukunftsfragen** der Freistaaten Bayern und Sachsen tätig, für die er im Auftrag der Ministerpräsidenten Kurt Biedenkopf und Edmund **Stoiber** eine maßgebende Politikstudie verfaßte. Hier finden wir die radikalen Forderungen des Thatcherismus und der damals in den USA erstarkenden „Konservativen Revolutionäre“ der Republikaner Newt **Gingrich**, Richard **Armey** u.a.: Deregulierung, Privatisierung des Sozial- und Gesundheitssystems und radikale staatliche Sparpolitik („ausgeglichener Haushalt“).

Als Leitmotiv zieht sich durch die Studie das Mantra der nachindustriellen Ideologen eines Alvin **Toffler** und Zbigniew Brzezinski, daß nun die Abkehr von der Industriegesellschaft hin zur Dienstleistungsgesellschaft endlich vollzogen werden müsse. Arbeit – in Sinne qualifizierter Vollzeitarbeitsplätze – könnte in Zukunft nicht mehr Mittelpunkt des Lebens sein. Die Zukunft gehöre dem – niedrigbezahlten – Dienstleistungssektor und der „Bürgerarbeit“. Vor allem aber seien die staatlichen Sozialsysteme „Zwangssysteme“, die dem Bürger nicht die individuelle Freiheit gäben, sich selbst „Vermögen“ zur Vorsorge zu bilden.

Die Ideen dieser Kommission wurden spätestens seit der Landtagswahl 2003 von Ministerpräsident Stoiber in Bayern umgesetzt und bestimmen dessen bundespolitische Initiativen seit langem. Schließlich hatte Stoiber im Falle seiner Wahl als Bundeskanzler Herrn Miegel für einen hohen Posten im Sozialbereich vorgesehen.

Elke Fimmen

Meinhard Miegels „Bürgerkonvent" ist ein klassisches Beispiel dafür, wie einflußreiche Finanzkreise „Bewegungen" als politische Schocktruppen und vermeintliche „Experten" als Propagandisten benutzen, um in dramatischen Zusammenbruchskrisen des Finanzsystems ihre radikalen Ziele wie die Zerstörung des Sozialstaates und die Ausplünderung der Bevölkerung durchzusetzen. Dabei ist der miesepetrige Herr Miegel als Person eigentlich unwichtig. Entscheidend sind die strategischen Verbindungen, die bei einer näheren Untersuchung des „Bürgerkonvents" ans Tageslicht gelangen. Dabei treffen wir auf internationale Versicherungsgiganten und Banken.

Die strategische Dimension der Rentenprivatisierung

Zu wessen Gunsten die aus den „staatlichen sozialen Zwangssystemen" herausgelösten Gelder der Bevölkerung eingesetzt werden sollen, wird deutlich, wenn man sich Meinhard **Miegels** Aktivitäten betrachtet. 1997 wird er Mitglied der Geschäftsführung (Board of Directors) des **Deutschen Instituts für Altersvorsorge** GmbH, zu 100% eine Tochter der **Deutschen Bank.**

Die Deutsche Bank, an der schon längst kaum noch etwas deutsch ist, gehört an zentraler Stelle zu denjenigen, die seit Jahren radikale neoliberale Forderungen stellen – ein Beispiel ist ihr Chefvolkswirt Norbert **Walter.** Spätestens seit der Ermordung Alfred **Herrhausens** hat sich diese Bank vollständig von ihrer Industrieorientierung der Nachkriegsjahrzehnte verabschiedet und scheint im Rahmen der Finanzglobalisierung eher an gewisse unrühmliche Traditionen der 30er Jahre anzuknüpfen.

Die „Reform-Agenda" 2004 der Deutsche Bank Research schließt sich dem Angriff auf das deutsche Sozialsystem und die Institutionen der Bundesrepublik voll an. Der „Appetit auf soziale Sicherung" sei in Deutschland derart groß, daß „Karrierepolitiker" jede Reform verhinderten, weil deren einziges Ziel die „Stimmenmaximierung" sei. Deshalb brauche man einen neuen gesellschaftlichen „Wertekanon". Es sei fraglich, ob am Ende der Reformen der „soziale Konsens" stehen müsse.

1999 wird Miegel zum Mitglied der neugegründeten **Global Aging Commission** des **Zentrums für Strategische und Internationale Studien** (CSIS) in Washington ernannt, die Studien zu dem aus ihrer Sicht unausweichlichen Umbau der „nicht länger finanzierbaren Renten- und Sozialsysteme" der westlichen Welt sowie Chinas erstellt. Immer mit dabei sind internationale Finanz- und Versicherungsgiganten wie **Prudential, Nationwide Global, Watson Wyatt, Citigroup** oder **Allianz.** Hochkarätige Konferenzen der Global Aging Commission finden auch in Brüssel, Berlin oder Genf statt.

Eine „deutsche" Reform der Rentensysteme?

Im Mai 2002 veranstaltete das CSIS in Berlin eine Konferenz zum Thema „Rentenreform, Folgen für Deutschland und Europa", deren Schlußfolgerungen dann 2003 in einem Bericht *Deutschland und die Herausforderungen des Globalen Alterns* veröffentlicht wurden. Sponsoren der Konferenz waren der US-Versicherungsriese Nationwide Global, die Deutsche Bank und der Verband der amerikanischen Lebensversicherer, **American Council of Life Insurers.** Die Veranstaltung fand in den Räumen der Deutschen Bank in Berlin statt.

Referenten waren u.a.:

- John **Hamre**, CSIS-Vorsitzender, früherer US-Vizeverteidigungsminister,

- Frank **Field**, ehem. britischer Minister für Wohlfahrtsreform,
- Richard D. **Headley**, Präsident von Nationwide Global, der über private Rentensysteme in den USA sprach,
- John C. **Kornblum**, ehem. US-Botschafter in Berlin, heute geschäftsführender Direktor des einflußreichen Bankhauses **Lazard Frères** in Deutschland,
- Patrick **Liedtke**, Generalsekretär der Vereinigung der weltgrößten Versicherungsgesellschaften **Geneva Association** (Genfer Vereinigung), Mitglied der Global Aging Commission,
- Vertreter der **EU-Kommission**,
- Hans-Olaf **Henkel**,
- Meinhard **Miegel**,
- Kurt **Biedenkopf**,
- Norbert **Walter**, Chefökonom der Deutschen Bank.

Bei der Konferenz wurde die **Riester-Rente** als „symbolischer Bruch“ mit dem deutschen Sozialsystem gelobt, da hier das erste Mal die Ausschließlichkeit der staatlichen Fürsorgepflicht aufgegeben wurde. In dem 2003 dazu veröffentlichten Bericht wird unterstrichen, diese Reform sei um so bedeutsamer, da sie von einer sozialdemokratischen Regierung durchgeführt wurde. Beide Seiten, Opposition wie Regierung, schienen sich einig, daß private Pensionssysteme geschaffen werden müßten und die bisherige Regelung der Umlagefinanzierung abgeschafft gehöre. In praktischer Hinsicht sei die Riester-Reform jedoch nur der Anfang. Die Bevölkerung habe noch kein großes Interesse daran. Das liege vor allem daran, daß die öffentlichen Rentensysteme immer noch als großzügig wahrgenommen würden. Der Bericht preist dann die Einsetzung der sog. **Rürup-Kommission**, die das deutsche Renten- und Gesundheitssystem nun gründlich untersuchen und umbauen werde.

Die durchschnittliche Lebenserwartung der Deutschen sei in den letzten 50 Jahren von 68 auf 78 gestiegen, heißt es weiter. Heute könne ein 60jähriger ohne Probleme bis 81 leben. „Dieser Anstieg in der Lebenserwartung ist bereits beinahe für ein Drittel der Gesamtkosten des deutschen öffentlichen Rentensystems verantwortlich.“ Im Jahr 2000 habe die deutsche Regierung schon 15,1% des Bruttosozialproduktes für Zahlungen an über 60jährige ausgeben – viel mehr als die englischsprachigen Länder. Das CSIS schätzt, daß die Kosten für staatliche Renten bis 2040 auf 15,4% des BSP steigen würden – viermal soviel wie die heutigen Ausgaben für Verteidigung. Deutschland als eines der wichtigsten Industrieländer müsse schnell handeln, denn sonst laufe „die Zeit davon“. Es fragt sich, für wen.

Es gibt nicht zuviele alte Menschen, sondern zuwenig Wirtschaftswachstum!

In derartigen Studien muß immer der „demographische Faktor“, also der Geburtenrückgang und die Behauptung, es gebe „zuviele Alte“, als Begründung für die „Unbezahlbarkeit“ der Sozialsysteme herhalten. Natürlich stellt die Überalterung ein gewisses Problem dar, aber in einer gesunden, industriell ausgerichteten, wachsenden Wirtschaft mit steigenden Steuereinnahmen könnte dieser Faktor kurz- bis mittelfristig ausgeglichen werden. Wenn es in der heutigen Lage mehr junge Menschen in Deutschland gäbe, würden sie nur das Heer der Arbeitslosen vergrößern.

Es ist auffällig, daß in den entsprechenden Studien die falsche Wirtschafts- und Finanzpolitik der letzten 30 Jahre Kasinowirtschaft niemals auch nur erwähnt wird. Das System der globalisierten Spekulationsblasen auf Kosten langfristiger Investitionen soll ja gerade verteidigt und erhalten werden.

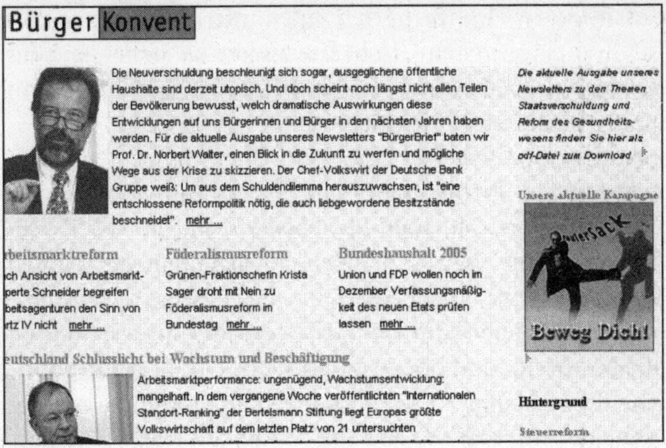

Die neueste demagogische Kampagne des „Bürgerkonvents" zeigt auf ihrer Homepage einen Mann, der einem anderen einen Fußtritt versetzt und ruft: „Beweg Dich, fauler Sack!"

Es ist natürlich auch kein Geheimnis, daß die sog. Umstellung der gesetzlichen Alterssicherung auf „private Vorsorge" gigantische Einnahmen für die Versicherungsbranche und die Banken bringt, die am Transfer und der Anlage der Gelder verdienen. Nach sehr konservativen Schätzungen ergäbe eine Umlenkung von lediglich 10% der staatlichen Rentenversicherungsbeiträge in Deutschland jährliche Umsatzzuwächse für die private Versicherungswirtschaft von etwa 15 Mrd. Euro. Weltweit kommt man auf gewaltige Summen.

Die Stoßrichtung der „Reformen" der Rentensysteme zielt eben genau darauf, gewaltige Finanzströme aus den „staatlichen Zwangssystemen" für das weltweite Spekulationskasino freizusetzen. Die Renten wären in diesem „privaten Vorsorgesystem" also alles andere als sicher, wie das Rentner in Chile, den USA und anderen Ländern schon schmerzlich feststellen müssen.

Andere Studien des CSIS zum Thema erschienen gemeinsam mit **Prudential Financial** (*2004 – Die Demographie und Wirtschaft der Rentenpolitik in China*). Dieses Projekt wurde vom damaligen Vorsitzenden der **Global Aging Initiative**, Paul **Hewitt**, in Gang gesetzt, der mittlerweile in die amerikanische Sozialversicherungsverwaltung überwechselte und dort jetzt als stellv. Direktor für politische Fragen fungiert. 2003 erschien der zusammen mit der Managementberatung Watson Wyatt ausgearbeitete sog. „Alterungs-Anfälligkeits-Index". Dieser **Vulnerability Index** bildete die Grundlage einer gemeinsamen Konferenz von CSIS und Europäischer Kommission 2003 in Brüssel, wo er als entscheidend wichtige neue Informationsquelle für das Ausmaß der europäischen Rentenkrise gepriesen wurde. 2002 veröffentlichte das CSIS zusammen mit der **Citigroup** die Studie *Die Globale Rentenkrise: Die Bedrohung für die weltweite Stabilität und was zu tun ist.*

Offensichtlich sind diese Themen von strategischem Interesse, wie der obige Titel suggeriert oder wie auch die Tatsache zeigt, daß sich eine Spitzendenkfabrik der angloamerikanischen Elite wie das CSIS damit beschäftigt.

Es geht einfach um die entscheidende Frage, wer die weltweiten Finanzflüsse (und Rohstoffe) beherrscht: nationale, souveräne Regierungen, die nach dem Gemeinwohlprinzip für ihre Bevölkerungen handeln oder, wie im Feudalismus, eine kleine, supranationale Elite in der Tradition des venezianischen oder anglo-holländischen Empire-Systems?

Die sog. „Bevölkerungsfrage", die das CSIS als Kernpunkt seiner Argumentation verwendet und die auch

Herrn Miegel so fasziniert, stand dabei immer im Mittelpunkt des Interesses oligarchischer Finanzinteressen.

Exemplarisch ist in diesem Zusammenhang die Rolle Patrick Liedtkes, Sprecher bei der Berliner Konferenz 2002 und Mitglied der Taskforce des CSIS. Er ist Generalsekretär der Genfer Vereinigung der weltweit größten Versicherungsunternehmen und auch Exekutivmitglied des malthusianischen **Club of Rome**.

Der Club of Rome hatte Anfang der 70er Jahre, parallel zur Abschaffung des **Bretton-Woods**-Finanzsystems, mit seinem Kultbuch *Grenzen des Wachstums* die Propaganda in die Welt gesetzt, es gebe eine „Bevölkerungsexplosion", die Rohstoffe „gingen zuende", und deswegen müsse man nun drastisch „den Gürtel enger schnallen". In diesem Machwerk wurden technische oder wissenschaftliche Innovationen bewußt außer acht gelassen und behauptet, nun sei die wirtschaftliche Entwicklung der Menschheit ans Ende gekommen, von nun an gehe es naturnotwendig nur noch bergab. Es lag nicht mehr im Interesse der Finanzoligarchie, langfristig in Infrastruktur und Industrie zu investieren, sondern nur in den kaum kapitalintensiven Dienstleistungssektor und die Finanzwirtschaft, wo „schnelles Geld" zu holen war.

Der frühere Generalsekretär der Genfer Vereinigung, Orio **Giarini**, ebenfalls aktives Mitglied des Club of Rome, propagierte in den 80er Jahren den Ausstieg aus der Industrie- und Einstieg in die Dienstleistungsgesellschaft. Da diese aber keine realen, physischen Werte schafft, ist irgendwann die Situation erreicht, daß die Schere zwischen Realwirtschaft und fiktiven Finanztiteln zu weit auseinanderklafft – und das System kollabiert. An diesem Punkt sind wir heute, und nun vergießen die Apologeten dieser Politik Krokodilstränen. Ausbaden sollen es aber wieder die anderen – die „überflüssigen Esser", die einfach

„zu lange" leben und dabei Renten kassieren wollen –, statt daß man zu produktiven Prinzipien der Wirtschaft und dem Prinzip des Nationalstaates zurückkehrt.

„Der unpraktische deutsche Weg"

Ein gewisser Charles **Greene** – bis vor kurzem noch führender Mitarbeiter der Werbeagentur **Grey** – beklagte, daß in Deutschland für alles und jedes „ein Konsens gefunden werden muß, bevor es eine Entscheidung gibt". Dieser deutsche Weg sei „so verdammt unpraktisch im Augenblick". Die Werbefirma Grey arbeitet mit der Düsseldorfer Agentur **Abels und Grey** zusammen, die nach Angaben von Miegels „Bürgerkonvent" freiwillig und kostenlos dessen erste großangelegte Anzeigenkampagnen im Jahre 2003 auflegte: Fernsehspots, in denen mit geschickten emotionalen Bildern des Aufbaus nach dem Zweiten Weltkriegs durch die Trümmerfrauen und bei der Oderflut suggeriert wurde, Deutschland könne jetzt den großen „Umbau" der Sozialsysteme – sprich die Lebensstandardsenkung – auch schaffen, wenn wir es nur so wie damals „gemeinsam" anpacken. Gleichzeitig erhielt Miegel für seine sieben „bitteren Wahrheiten zur Arbeitslosigkeit und Altersversorgung" äußerst breiten Raum in *Bild* und anderen Tageszeitungen, Fernsehen usw.

Hier Auszüge aus dem „Manifest" des von Miegel 2003 gegründeten „Bürgerkonvents" – der übrigens allein für 2003 sein Budget mit ca. 6 Mio. Euro (ohne die Quellen je zu nennen) angab:

„Die Politik kann ihr jahrzehntelang gegebenes Versprechen, im Rahmen der gesetzlichen Sozialsysteme den individuellen Lebensstandard zu gewährleisten, nicht mehr halten... Um den individuellen Lebensstandard im Alter, bei Arbeitslosigkeit sowie im Krankheits- und Pflegefall aufrecht erhalten zu können, müssen wir in bislang ungewohnter Weise für uns selbst vorsorgen. Hierauf müssen wir uns nicht nur mental einstellen. Wir müssen auch unsere Lebensgewohnheiten spürbar verändern. Ohne einen gewissen Konsumverzicht wird es nicht gehen. Substantielles Sparen ist wichtiger denn je. Es wird erleichtert durch eine Verringerung der staatlichen Abgabenlast. Dazu muß der Staat die bestehenden sozialen Sicherungssysteme umfassend reformieren und auf ihren Kern zurückführen. Was darüber hinaus geht, ist nicht länger finanzierbar."

In großen ganzseitigen Anzeigenkampagnen brachte der Konvent ab 2003 seine Forderungen unter die Leute. Der Haupttenor: Die „Vormundschaft des Staates und verkrustete staatliche Strukturen in Wirtschaft und Arbeitsmarkt aufbrechen", „problematische Machtstrukturen" beseitigen, die „aus einem fehlgeleiteten Sozialstaat und Sozialpartnerschaft erwachsen sind". Statt Parteien, Gewerkschaften und anderen „verkrusteten Machtstrukturen" müsse eine wirkliche „Bürgergesellschaft" geschaffen werden.

Angesichts des Versagens der Politiker hören sich solche demagogischen Attacken erst ganz einleuchtend an, zumal es immer mehr Menschen schlechter geht. Das, was Leute wie Miegel tun, dient genau den Finanzinteressen, denen die noch bestehenden nationalen demokratischen Institutionen und sozialpolitischen Strukturen bei der Zerstörung des Gemeinwohlprinzips störend im Wege stehen.

„Wenn doch in Deutschland wenigstens zwei-, dreimal das Licht ausginge"

„Wenn doch in Deutschland wenigstens zwei-, dreimal das Licht ausginge", dieser Stoßseufzer stammt von Herrn Miegel aus einer Artikelserie der *Süddeutschen Zeitung* im September 2004 über die psychologische Lage der Deutschen, die immer noch nicht bereit seien, die nötigen drastischen „Reformen" zu akzeptieren. „Maggie **Thatcher** war auch erst möglich, als die Engländer richtig an der Wand standen. Davon sind wir immer noch weit entfernt. Infolgedessen geht nichts."

Nun, das könnte sich bald ändern, wenn das Weltfinanzsystem kollabiert, die Energieversorgung aus Rußland wegen der von außen geschürten Krise in der Ukraine zusammenbricht, neue Terroranschläge stattfänden etc. Daß dies gewissen Kreisen ganz gut in den Kram passen würde, um endlich „Notstandsmaßnahmen" durchzuführen, um damit die Verfassung auszuhebeln und das „zu teure" Sozialsystem endgültig zu zerschlagen, kann man sich angesichts der Ereignisse in den USA seit dem 11. September 2001 mittlerweile vielleicht deutlicher vorstellen.

In diesem Zusammenhang ist es zum Abschluß noch interessant, zu sehen, mit welchen Kreisen der „Bürgerkonvent" des Herrn Miegel noch verbunden ist. Die schon genannte Werbefirma Abels und Grey (A & G), die dem „Bürgerkonvent" auf die Sprünge half, ist offizieller Partner des europäischen Ablegers der amerikanischen neokonservativen **RAND Corporation**. Der deutsche A & G-Chef, Reinhard **Abels**, der seine Firma gerne als eine Art „Jesuitenorden" der deutschen Wirtschaft sähe, versammelt in Düsseldorf Militärs, Theologen, Psychologen, Ökonomen etc. auftreten, um „Strategien" für die „Zukunft Deutschlands" auszutüfteln. Der ultraliberale Jost **Stollmann**, dessen großes Vorbild Margaret Thatcher ist und der zunächst als Wirtschaftsminister für Schröders erste Amtszeit vorgesehen war, wurde ebenfalls von Abels und Grey beraten.

Im Beirat der in der Öffentlichkeit sehr zurückhaltend agierenden Firma A & G finden sich u.a. Ulrich **Weisser**, ein früherer hoher Beamter im Bundesverteidigungsministerium, der bei Konferenzen der neokonservativen **Neuen Atlantischen Initiative** (New Atlantic Initiative) auftaucht, sowie ein Werner **Walbröl**, Mitglied im Aufsichtsrat des **Germany Funds** der Deutschen Bank, eines in den USA sitzenden Aktienanlagefonds der größten deutschen Banken, Industrieunternehmen und Versicherungen. Walbröl, Direktor der **Axa Nordstern** Versicherung, hat auch führende Positionen bei **deutsch-amerikanischen Handelskammern** inne und ist Präsident des **Deutsch-Amerikanischen Partnerschaftsprogramms.**

RAND Europe, der offizielle Kooperationspartner von A & G, berät u.a. die EU-Kommission bei wirtschaftlichen, sozialen, politischen und strategisch-militärischen Fragen und „Reformen". RAND Europe hängt mit der in München ansässigen militärisch-strategischen Einrichtung **IABG** zusammen, die Anfang der 90er Jahre durch die amerikanische **Carlyle**-Gruppe aufgekauft wurde. RAND hat auch Verbindungen zu **Bohlin & Strömberg** in Schweden und **Solving International** in Frankreich.

Im Vorstand von RAND Europe findet man die Crème de la Crème der anglo-holländischen Elite, die ihre eigenen Vorstellungen darüber hat, wie es mit dem bankrotten Weltfinanzsystem weitergehen soll:

Vorstand:
- Floris A. **Maljers**, ehem. Vorsitzende von **Unilever**, NL,
- Maarten C. **van Veen**, ehem. Chef des Stahlriesen **Hoogovens**, NL,
- Lo C. **van Wachem**, ehem. Aufsichtsratsvorsitzender von **Royal Dutch Shell**, NL,

Beirat:
- Robin **Renwick of Clifton**, Vorsitzender von **J.P. Morgan**, UK,

- Jacques H. **Schraven**, Vorsitzender der niederländischen **Industrie- und Arbeitgebervereinigung**,
- Jacques **Wahl**, Mitglied der Geschäftsführung der größten französischen Privatbank **Banque Nationale de Paris Paribas**,
- Werner **Weidenfeld**, früherer Europa-USA-Koordinator von Kanzler Kohl, assoziiertes Mitglied des Club of Rome und Direktor des **Zentrums für angewandte Politikforschung** (CAP), Universität München, einem Ableger der **Bertelsmann**-Stiftung,
- Karsten D. **Voigt**, Koordinator für deutsch-amerikanische Zusammenarbeit im deutschen Außenministerium.

Die Firma Grey ist eine der weltweit größten Werbefirmen, die zu ihren Kunden Großkonzerne, Regierungen und NGOs zählt. Ein ehemaliger führender Mann von Grey International, Norman **Vale**, gilt als Initiator der höchst seltsamen „Antiterror"-Anzeigenkampagne der **European Security Advocacy Group**, die seit einem Jahr in deutschen und anderen europäischen Zeitungen in hysterischem Tonfall vor neuen Mega-Terroranschlägen in Europa warnt. Die Anzeigen lesen sich, als stammten sie aus den Büros des US-Vizepräsidenten Dick **Cheney** oder des israelischen Ministerpräsidenten Ariel **Scharon**.

Miegel, ein moderner Jakobiner

Miegels modus operandi erinnert an die radikalen Jakobiner der Französischen Revolution, die 1792 nach dem Staatsbankrott Frankreichs die Macht an sich rissen.

Die proamerikanischen Kräfte um **Lafayette** und **Bailly** wollten die Amerikanische Revolution in Frankreich wiederholen und mit ihrer Verfassungsbewegung die bankrotte absolute Monarchie durch eine konstitutionelle Monarchie ersetzen. Britische Kreise setzten alles daran, dies zu verhindern: Erst verhalfen sie dem Vertreter der Genfer Banken, Jacques **Necker**, an die Macht, dann installierten sie ihre extremistischen Agenten **Danton**, **Marat** und **Robespierre**. Die Chance, auch in Europa souveräne Republiken zu errichten, die staatliche produktive Kredite zur Entwicklung der Nation und zum Wohle der Menschen schöpften, war damit vertan – das Wohl und Wehe der Bevölkerung lag weiter in den Händen der privaten Interessen imperialer Finanzkreise.

Bis heute dominiert dieses System die Politik in Europa. In den 20er bis zu den 40er Jahren des letzten Jahrhunderts kontrollierte dieses System privater Finanzinteressen den Machtapparat hinter den verschiedenen europäischen faschistischen Regierungen. Heute, in Zeiten des Finanzkollapses, drohen wieder faschistische „Lösungen" der Zerschlagung souveräner Regierungen und ihrer Institutionen.

Nicht umsonst gebraucht Miegel radikaljakobinische Rhetorik als Vorbild für seinen „Bürgerkonvent", indem er fordert, „das Volk aufzuklären" und die alten gesellschaftlichen Strukturen aufzubrechen. Die neueste demagogische Kampagne des „Bürgerkonvents" zeigt auf ihrer Homepage einen Mann, der einem anderen einen Fußtritt versetzt und ruft: „Beweg Dich, fauler Sack!" Entworfen wurde diese Kampagne von der französischen Werbeagentur **Publicis**, zu deren deutschen Vertreter kürzlich der überaus umtriebige „Berater für (fast) alles" **Roland Berger** berufen wurde. Im Aufsichtsrat von Publicis sitzen z.B. Gerard Worms von der **Banque Worms**, Michael David-Weill von der Bank ***Lazard Frères*** und Felix Rohatyn von ***Rothschild & Cie.***, eine graue Eminenz der Demokratischen Partei in den USA und ein erklärter Gegner der „New-Deal"-Politik Lyndon LaRouches. Interessanterweise stieg 2001 die Deutsche Bank bei der Banque Worms ein (siehe „Auch wir sind das Volk" – Deutschlands Neocons melden sich zu Wort, Seite 24).

Eine andere Facette der Konservativen Revolution, mit der Miegels Bürgerkonvent zusammenarbeitet, sind die **Cercles Liberaux** von Alain **Madelin**. Madelin, Abgeordneter der französischen Nationalversammlung, ist bekannt als extremer neoliberaler Ideologe und radikaler Gegner der dirigistischen Wirtschaftsschule **Colberts** und der amerikanischen politischen Ökonomie. Madelin gründete 1964 als 18jähriger eine extrem rechte Gruppierung mit dem Namen **Occident**, die später verboten wurde.

Damals las ihn George **Albertini** auf, der, obgleich Faschist, die Nachkriegssäuberungen überstanden hatte und von der CIA unter Allen Dulles benutzt worden war. Nach dem Krieg erhielt Albertini eine wichtige Position bei der **Banque Worms** und gründete 1949 sein **Institut für Sozialgeschichte**, eine antikommunistische Denkfabrik.

Alain Madelin, der dann in die konservative Partei **UDF** (damals unter **Giscard d'Estaing**) ging und mehrmals Ministerposten in rechtsgerichteten Regierungen bekleidete, gehört mit seiner **Democracie Liberale** zur Sammlungsbewegung **UMP**, die nun von dem Scharfmacher Nicolas **Sarkozy** geführt wird. Sarkozy sieht sich als „neuer **Napoleon**," der Frankreich durch massiven Sozialabbau und der „Reform" der Institutionen der Fünften Republik „retten" will.

Madelin wurde 1992 Mitglied der ultraliberalen **Mont-Pèlerin-Gesellschaft** und wird von einflußreichen französischen Kreisen protegiert, die extrem konservative katholische Interessen vertreten. 1996 war er Mitbegründer der „Neuen Atlantischen Initiative" von Maggie Thatcher und George **Shultz**, die das „alte Europa" bekämpft und die erweiterte EU zu einer „post-modern"-imperialen Freihandelszone machen will. Madelin unterhält auch gute Verbindungen zum amerikanischen neokonservativen **Hudson-Institut** und besuchte 2003 vor dem Beginn des Irakkrieges Washington, um in Opposition zu Präsident **Chirac** offen den Kriegskurs der US-Regierung zu unterstützen.

Fazit

Beim „Bürgerkonvent“ und seinen europäischen sowie internationalen Sponsoren handelt es sich um ein Projekt synarchistischer Kräfte, die dem Nationalstaat mit einem repräsentativen System und der Gemeinwohlverpflichtung diametral entgegengesetzt sind. Diese Organisation ist also alles andere als eine „Bürgerbewegung“. Die Herausforderung an jeden einzelnen Staatsbürger lautet heute, diesen Kräften das Handwerk zu legen und aus dem bankrotten, untergehenden Weltfinanzsystem eine neue, gerechte Weltwirtschaftsordnung zu errichten. Es gilt, dafür zu sorgen, daß derartige Gespenster der Vergangenheit vom Tageslicht einer besseren Welt verscheucht werden. Helfen Sie dabei mit und schließen Sie sich der internationalen LaRouche-Bewegung und der BüSo an!

Elke Fimmen

Hartz IV, das rasante Hauptstück der „Agenda 2010", ist nur ein Teil des neoliberal-neokonservativen Kampfprogramms (siehe Buchrückseite). Ein weiterer Programmpunkt ist die Rentenprivatisierung, die nun weltweit im Schnellverfahren durchgesetzt werden soll — angefangen mit den USA. George W. Bush hat den Auftrag, das amerikanische Rentensystem zu privatisieren. Als „großes Vorbild" dient ihm dabei die Rentenprivatisierung unter dem Diktator Pinochet.

Nein zur Renten-„Reform" nach dem Pinochet-Modell!

Mit Feuereifer machte George W. Bush sich im Januar an die beiden Hauptaufgaben seiner zweiten Präsidentschaft: einen Krieg gegen den Irankrieg vom Zaun zu brechen und das amerikanische Rentensystem zu privatisieren. Letztere Absicht taten Bush und Vizepräsident Cheney bereits auf dem Wirtschaftsgipfel des Weißen Hauses am 14.-15. Dezember 2004 kund. Die Rentengelder sind als Ersatz für die ausbleibenden ausländischen Geldflüsse in die USA gedacht. Die Dollarkrise setzt Bush enorm unter Druck, das erklärt, warum er sich in der Frage der Rentenprivatisierung derart ins Zeug legt.

Das Modell, das Bushs Berater vom Cato-Institut und anderen neoliberal-neokonservativen „Denkfabriken" der US-Regierung zur Nachahmung empfehlen, ist die Rentenprivatisierung in Chile während der Diktatur des Generals Pinochet. Am 1. Dezember 2004 sagte Bush beim APEC-Gipfeltreffen in Chile: „Chile liefert ein großartiges Beispiel einer Rentenreform."

1981, unter der faschistischen Militärjunta des Generals Augusto Pinochet, wurde das Rentensystem Chiles privatisiert. Das Konzept dazu lieferte die von Milton Friedman und Friedrich von Hayek geprägte neoliberale „Chikagoer Schule". Die 22 Mrd.$ der staatlichen Rentenversicherungen in Chile wurden 18 privaten Investmentfonds übergeben, die man „Rentenfondsverwalter" (Administradoras de Fondos de Pensiones, AFP) nannte.

Augusto Pinochet, der chilenische Diktator von 1973-90, der sich mit Rückendeckung des damaligen US-Außenministers Henry Kissinger an die Macht putschte, muß sich demnächst vor einem Gericht für Verbrechen im Rahmen der „Operation Condor" verantworten (s. Kasten S. 150). „Operation Condor" sorgte für die Ausschaltung jeglicher Opposition, von Gewerkschaftern bis hin zu Christdemokraten, so daß in den 80er Jahren der Weg frei war für die Art Finanz- und Sozialpolitik, welche die „Chicago Boys" und ihre Auftraggeber von Pinochets Regime erwarteten.

Arbeitsminister unter Pinochet und führender Kopf der Rentenprivatisierung war der an der Universität Harvard ausgebildete Ökonom José Piñera. Heute ist er einer der Leiter des Projekts zur Privatisierung der Sozialversicherung am Cato-Institut in den USA. Eine weitere neoliberale Heldentat Piñeras war die Abschaffung des Mindestlohns.

Nachdem die Opposition in Chile zum Schweigen gebracht worden war, bombardierten Pinera und die „Chicago Boys" die Chilenen mit einer viele Millionen Dollar schweren Propagandakampagne, die „sichere Renten" versprach. Die große Zahl der Bewerber für die private Verwaltung der Rentengelder, bei denen es sich im wesentlichen um internationale Versicherungen oder Banken handelte, gebe dem chilenischen Arbeitnehmer zum ersten Mal eine richtige Wahlmöglichkeit, wie und wo sie ihr Geld investieren wollten, ohne von einem staatlichen Zwangssystem bedrängt zu werden. Natürlich wurden den Renteneinzahlern hohe Auszahlungen versprochen. Sie

Operation Condor

Am 3. Januar 2005 entschied der Oberste Gerichtshof Chiles, die am 13. Dezember 2004 erhobene Anklage gegen den ehemaligen Diktator Augusto Pinochet wegen Entführung in neun Fällen und Mordes in einem weiteren Fall aufrechtzuerhalten. Die Pinochet zur Last gelegten Verbrechen aus dem Jahre 1977 waren Teil der mörderischen Operation Condor, die neben Chile auch Argentinien, Bolivien, Brasilien, Paraguay und Uruguay erfaßte.

Richter Juan Guzman, der Pinochet im Dezember angeklagt hatte, erhob am 3. Januar auch Anklage gegen zehn ehemalige führende Beamte von Pinochets Geheimpolizei DINA, die damals die massenhaften Verschleppungen und Morde der Operation Condor koordinierte, u.a. den ehemaligen DINA-Chef Gen. Manuel Contreras, der für seine Verbindungen zur CIA bekannt ist, und dessen Stellvertreter Gen. Pedro Espinoza. Es geht um acht Menschen, die 1975 entführt wurden und spurlos verschwanden.

Die 1976 gegründete „Operation Condor" diente dazu, jeglichen Widerstand in Chile gegen die an der Universität Chikago entworfene ultraliberale Wirtschafts- und Finanzpolitik auszuschalten. An der „Operation Condor" waren auch ehemalige deutsche SS-Leute beteiligt, die 1945 unter dem Schutz von Allen Dulles et al. über die sog. „Rattenlinie" aus Europa nach Lateinamerika geschleust worden waren. Einer davon war der Kriegsverbrecher Walter Rauff, dessen Auslieferung an Deutschland Pinochet damals ablehnte.

Pinochet behauptet, er könne sich im Zusammenhang mit Operation Condor an „nichts erinnern". Doch bei einem Treffen mit Henry Kissinger in Santiago 1976 stellte er seine Politik als Fortsetzung der „großen Schlacht gegen den Kommunismus" im Spanischen Bürgerkrieg dar. Hitler hatte deutsche Wehrmachtseinheiten — die „Legion Condor"— nach Spanien geschickt, die 1936-39 an der Seite Francisco Francos kämpften. „Operation Condor" wurde 1976 wenige Tage nach Francos Begräbnis gegründet. An der Beerdigung in Madrid hatten Pinochet, Manuel Contreras und mindestens 50 DINA-Agenten teilgenommen.

müßten nur zustimmen, daß ab jetzt 12,5% monatlich von ihrer Gehaltszahlung einbehalten und an die AFPs überwiesen werde, die sich dann um alles kümmere und „weise“ investiere. Sehr wichtig ist, daß es anders als im alten System nun keine Arbeitgeberbeiträge mehr gab. Millionen Chilenen folgten diesem Lockruf.

Auch in Deutschland läuft die Kampagne für die „Privatrente“ auf vollen Touren. Eine Gesellschaft von „Eigentümern“ sollen wir werden. Lauter Millionäre! Mit solchen Medienkampagnen soll auf dem Nährboden der Eigensucht eine Ideologie gezüchtet werden, die sich auf den Nenner bringen läßt: „Wer clever ist und die nötigen Ellenbogen hat, kann reich werden. Und wenn ich reich bin, was schert mich dann gesetzliche Rentenversicherung oder das Gemeinwohl?“

Manuel Riesco vom Vorstand des privaten „Zentrums für alternative nationale Wirtschaftsstudien“ (CENDA) sagte am 9. Dezember in einem Gespräch mit der Nachrichtenagentur *EIR*, das chilenische Privatrentensystem sei nach 25 Jahren eindeutig gescheitert: „Es funktioniert einfach nicht.“ Riesco bezog sich auf den im Januar 2004 veröffentlichten CENDA-Bericht *Chile: Grundlagen für eine Reform des Rentensystems.* In der chilenischen Regierung, den Gewerkschaften, den Denkfabriken und selbst bei der Weltbank und den AFPs sei man einhellig der Ansicht, daß Pineras System ein völliger Fehlschlag ist.

Die Folgen des Fiaskos: Nur 20% der 6,1 Millionen chilenischen Arbeitnehmer schaffen die Hürde, über 20 Jahre jeden Monat ihre Beiträge an die privaten Rentenfonds zu leisten (Gruppe E in der Abbildung). Wer keine 240 Beiträge eingezahlt hat, bekommt nicht einmal die gesetzliche Mindestrente von 110$ im Monat.

Die Arbeitslosigkeit liegt bei 10% (Gruppe A). Weitere 26% der Arbeitskräfte werden der halblegalen bis illegalen

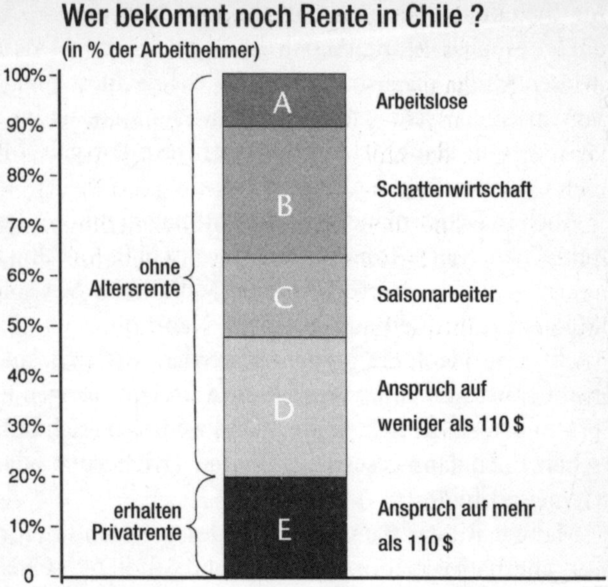

Quelle: CENDA (Chile), EIR-Interviews

Schattenwirtschaft zugerechnet (Gruppe B). A und B zahlen nicht in das Rentensystem ein und erhalten auch nichts. Weitere 16% sind höchstens ein paar Monate im Jahr beschäftigt (Gruppe C). Sie erwerben so gut wie nie einen Rentenanspruch. Diese 52% (Gruppe A-C) haben von dem privaten Rentensystem also gar nichts.

Die übrigen 48% zahlen zwar mehr oder weniger regelmäßig in die privaten Rentenfonds ein, aber bei 28% reicht es nicht für einen Anspruch auf die gesetzlich vorgeschriebene Mindestrente von 110$ im Monat. Sie können bei Erreichen der Altersgrenze die angesparten Gelder abheben. Wenn das Geld weg ist oder wenn sie ihre Bedürftigkeit nachweisen können, können sie theoretisch die staatliche „Sozialrente“ von etwa 50$ in Anspruch nehmen. Aber die dafür vorhandenen Haushaltsmittel reichen nur für 300 000 Renten dieser Art, und die Warteliste ist lang. Chiles privates Rentensystem ist ein gigantischer Schwindel, ein Mechanismus, wie man die Arbeitnehmer und die Volkswirtschaft als ganze ausplündern kann. Auch das kennzeichnet das chilenische Rentenmodell, das die Neocons jetzt weltweit einführen wollen: Chiles Privatrentenfonds (AFP) sind zu 94% von ausländischen Finanzinteressen kontrolliert. Sie erheben Verwaltungsgebühren in Höhe von 25% oder mehr der eingezahlten Rentenbeiträge. Eine Studie des Entwicklungsprogramms der Vereinten Nationen (UNDP) vom Mai 2002 berichtet in Übereinstimmung mit chilenischen Experten, daß die AFPs jährlich Gebühren in Höhe von 500 Mio.$ einstreichen. Zwischen 1981 und Dezember 2000 kassierten die AFPs auf diese Weise 6,2 Mrd.$. Schätzungen der Aufsichtsbehörde der AFPs vom März 2002 zufolge fließen bis zu 32% der Einzahlungen als Gebühren oder Kommissionen direkt an die AFPs.

In der gleichen Studie ist auch davon die Rede, daß die AFPs 2001 einen Gewinn von 33,8% erzielten, der im folgenden Jahr trotz Rezession auf 50,1% stieg. Einer der größten Fonds schaffte sogar einen Gewinn von 209,8%, was den chilenischen Rechtswissenschaftler Juan Gumucio zu der Bemerkung veranlaßte, die AFPs machten mehr Geld als die Drogenhändler. Der durchschnittliche Jahresgewinn der AFPs 1997-2004 betrug 50%.

Ein Desaster ist die Rentenprivatisierung auch für den chilenischen Fiskus – die Steuerzahler: Im Jahr 2000 mußte die chilenische Regierung 41,5% aller Sozialausgaben aufwenden, um die auf den Staatshaushalt abgewälzten Defizite der privaten Rentenversicherer auszugleichen. Das sind fast 7% des chilenischen Bruttoinlandsprodukts (BIP) oder 5,5 Mrd.$ – mehr als die Ausgaben für das Gesundheits- und Bildungswesen.

Cynthia Rush, Gabriele Liebig

LaRouche-Kampagne zum Rentenklau

Lyndon LaRouche, der die Opposition gegen Bushs Rentenprivatisierungspläne erst in Gang gebracht hat, sieht diese Schlacht als entscheidenden Hebel gegen das Bush-Regime. Um diese Frage des Rentenklaus könne ein breiter Widerstand der Bevölkerung und der Basis der Demokratischen Partei mobil gemacht werden. Der Kampf gegen die Rentenprivatisierung müsse international geführt werden: Denn wenn die Rentenprivatisierung in den USA durchkäme, gäbe es weltweit in dieser Frage kein Halten mehr.

Im Dezember 2004 gab LaRouches Aktionskomitee (www.larouchepac.com) ein Massenflugblatt und eine Broschüre gegen Bushs Rentenprivatisierungspläne heraus. Auszug aus dem Flugblatt:

„Am 1. Dezember sagte Bush beim APEC-Gipfeltreffen in Chile: ‚Chile liefert ein großartiges Beispiel einer Rentenreform.' George bezieht sich damit auf den Plan, den der faschistische Diktator Augusto Pinochet 1981 umsetzte. Pinochet ist der General, der 1973 (mit Henry Kissingers Hilfe) die Regierung Allende stürzte und dabei zahllose Chilenen umbringen ließ. Er wurde gerade erst wieder wegen Mordes an einem Dissidenten angeklagt.

Wie zu erwarten, ist Pinochets Wirtschaftspolitik ebenso faschistisch wie seine übrige Politik. Wie sieht das Pinochet-Modell der ‚Rentenreform' aus?

- Man nimmt Ihre Rentenbeiträge und gibt sie Anlageberatern und Banken;
- Die Banken, die die Fonds verwalten, behalten davon 25% und machen Gewinne von 50% und mehr;
- Ihr Geld wird auf der Börse verspielt, und Ihnen bleibt nur eine Hungerrente oder die Sozialhilfe.

Genau das ist nach 25 Jahren das Ergebnis des Pinochet-Modells. Alle, von der Weltbank bis zu chilenischen Experten, sind sich einig, daß es für Chiles Arbeitnehmer ein Fehlschlag war.“

Rechtzeitig vor Anhörungen im Kongreß zur Rentenfrage griff die *New York Times* am 27. Januar 2005 das Thema „Pinochet-Modell“ auf. *ABC News* kommentierte den Artikel: „Da hat man sich von LaRouche eine Textseite ausgeborgt.“

Mitglieder der LaRouche-Jugendbewegung demonstrieren gegen Bushs Rentenkürzungspläne nach dem Pinochet-Modell mit der Broschüre: *Foot in the Door for Fascism.*

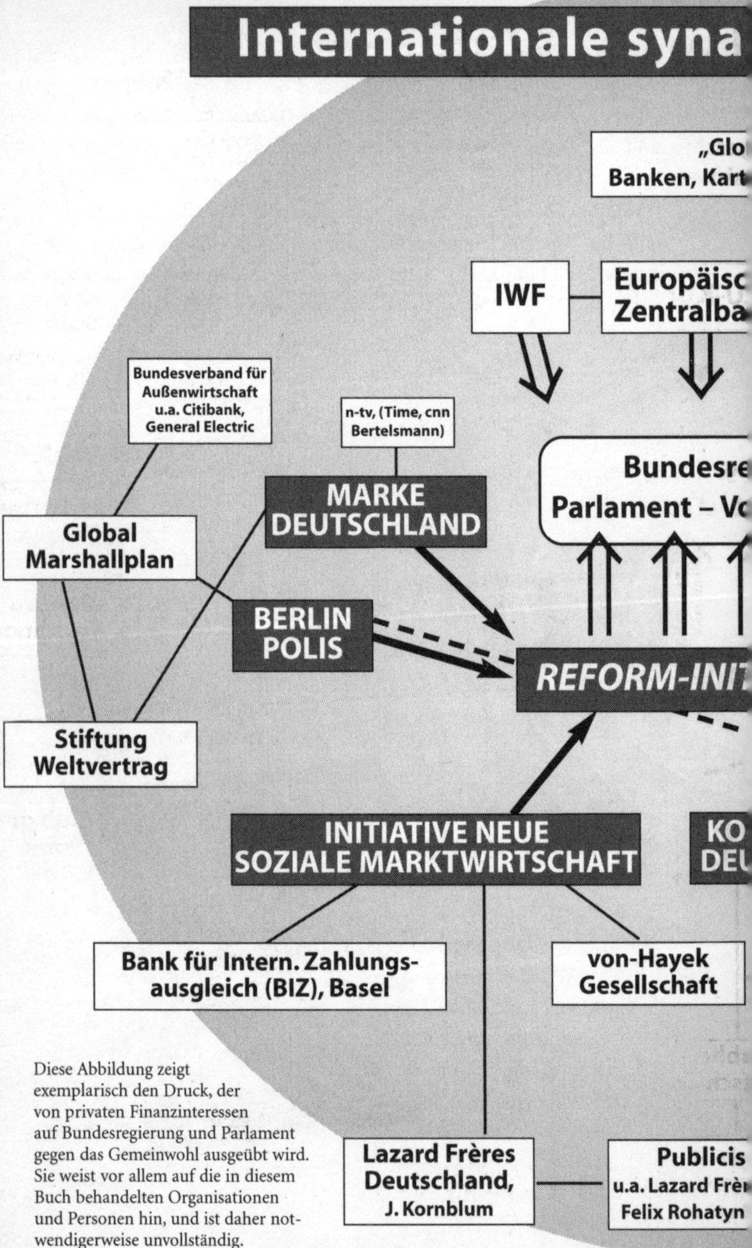

Diese Abbildung zeigt exemplarisch den Druck, der von privaten Finanzinteressen auf Bundesregierung und Parlament gegen das Gemeinwohl ausgeübt wird. Sie weist vor allem auf die in diesem Buch behandelten Organisationen und Personen hin, und ist daher notwendigerweise unvollständig.

istische Finanzkreise

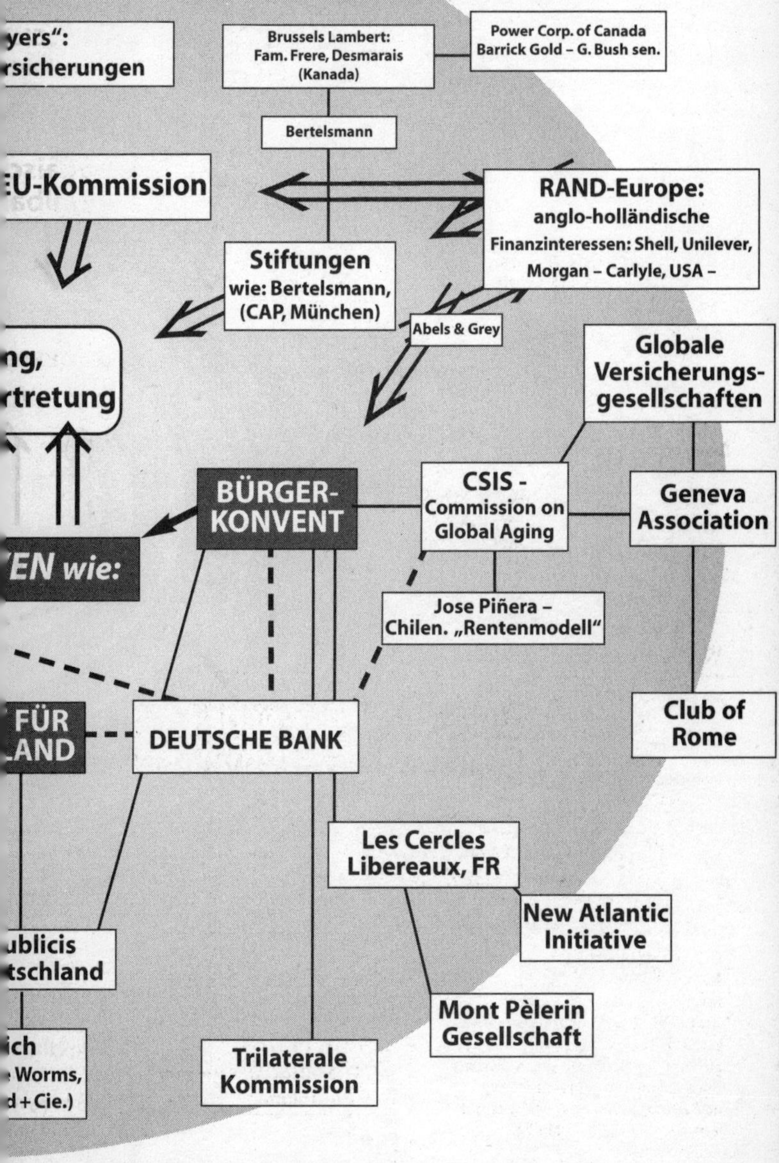

Deutschlands Neocons von Arnulf Baring bis Peter Glotz, eifrig unterstützt von den Neonazis der NPD, machen seit Jahren Stimmung gegen das Grundgesetz, und jetzt ist auch klar, warum: Wer den Sozialstaat zerschlagen will, kommt in Konflikt mit dem Sozialstaatsgebot unserer Verfassung.

Hartz IV verstößt gegen das Sozialstaatsgebot des Grundgesetzes

Viele Jahre vergilbte das Grundgesetz unbeachtet auf dem Bücherregal. Wer befaßt sich schon mit trockenen Paragraphen, die nach 50 Jahren längst selbstverständlich schienen? Aber wie so oft erkennt man den Wert eines Gutes erst in dem Moment, wenn man im Begriff steht, es zu verlieren – wenn die deutschen Neocons mit ihrem neoliberalen Großangriff uns das Grundgesetz nehmen wollen. Die Abschaffung der Arbeitslosenhilfe durch das Hartz-IV-Gesetz ist dabei nur der Anfang. Aber der Widerstand gegen Hartz IV wird nun unversehens zu einer Bewegung zur Verteidigung des Grundgesetzes, der darin verbrieften unveräußerlichen Rechte und unserer verfassungsmäßigen Ordnung als „sozialer Bundesstaat".

Unverdrossen gehen die Montagsdemos nämlich in vielen Städten weiter, ein wachsendes Netzwerk von neuen Bündnissen, Vereinen, Gruppen und Webseiten ist entstanden, an unzähligen Runden Tischen wird beratschlagt, wie man weiter vorgehen will. Von den etablierten Parteien ist nichts zu erwarten, schließlich ist Hartz IV ein „Kompromiß", der Mitte Dezember 2003 im Vermittlungsausschuß von SPD, Grünen, FDP, CDU und CSU gemeinsam beschlossen wurde. Auch die PDS und der DGB sind über die Bestellung eines Rechtsgutachtens zu Hartz IV nicht hinausgekommen. Eine andere Initiative dagegen hat über eine Infoseite (www.flegel-g.de/index-verfassungsklage.html) fast 8000 Euro für eine Verfassungsklage gesammelt und einen Rechtsanwalt damit beauftragt. An Beschwerdeführern, die von Hartz IV selbst betroffene Langzeitarbeitslose sein müssen, wird es gewiß keinen Mangel geben.

Trotzdem wäre es blauäugig zu glauben, eine Verfassungsklage an sich wäre schon das Allheilmittel gegen Hartz IV. Erfolg verspricht eine Klage beim Bundesverfassungsgericht nur als flankierende Maßnahme des politischen Kampfes einer wachsenden Widerstandsbewegung gegen die neoliberal-konservativen Axiome des Handelns in Wirtschaft, Regierung, Parteien und anderen Organisationen, welche die Massenarbeitslosigkeit erst herbeigeführt haben und nun einen Kurswechsel in Richtung Vollbeschäftigung blockieren.

Die Architekten von Hartz IV bei der Bertelsmann-Stiftung (siehe Seite 95) handeln nach dem Motto: An der Arbeitslosigkeit von real mehr als 8 Millionen sind die Arbeitslosen selber schuld. Schaffen wir also die Arbeitslosenversicherung ab, begrenzen das Arbeitslosengeld auf ein Jahr und machen ein Miniatur-ALG II (= Sozialhilfe) abhängig von der Bereitschaft, „jede Art der Arbeit" anzunehmen, bis hin zu „1-Euro-Jobs"! Diese vernichten zwar reguläre Arbeitsstellen und vergrößern dadurch das Arbeitslosenheer, doch auf der anderen Seite werden viele, statt 1-Euro-Sklaven zu werden, lieber in die Schattenwirtschaft abtauchen und – wie praktisch! – damit aus der Arbeitslosenstatistik und Empfängerliste von ALG II ganz verschwinden. So ist Hartz IV gedacht – und das ist grundgesetzwidrig.

Flagranter Verstoß gegen das Grundgesetz

Schon im Sommer 2004 äußerten sich namhafte Juristen zur Verfassungswidrigkeit der neuen Gesetzgebung für Erwerbslose, SGB II, genannt „Hartz IV". Die Verstöße sind so derb, daß sie auch Nichtjuristen ins Auge springen.

1. Hartz IV verstößt gegen den *Schutz des Eigentums* (Art. 14 Abs. 1 GG), auf den die Neoliberalen doch sonst so viel Wert legen, wenn es um ihr Eigentum geht. Bislang richtete sich der Anspruch auf Bezug von Arbeitslosengeld nach der Dauer der versicherungspflichtigen Beschäftigung vor der Arbeitslosmeldung. Die Höhe der Bezüge bemaß sich am letzten Nettoentgelt (Arbeitslosengeld 60%, Arbeitslosenhilfe 53%). Ab 1.1.2005, und für ältere Arbeitnehmer ab 2006, wird Arbeitslosengeld nur noch ein Jahr gezahlt. Danach erlöschen alle „erworbenen Ansprüche" durch jahrzehntelanges Einzahlen von 6,5% des Lohnes: Egal ob ein Antragsteller vorher 30 Jahre Beiträge gezahlt hat oder nur ein Jahr, er bekommt höchstens 345 Euro (+ Kosten für angemessene Unterkunft und Heizung). Wer irgendwelche Ersparnisse hat, die 200 Euro pro Lebensjahr übersteigen, bekommt gar nichts. Die Bezeichnung „massive Enteignung" dafür ist nicht übertrieben.

Der Kölner Verfassungsrechtler **Prof. Dr. Heinrich Lang** hält dies für einen erhöhten Eingriff in die Grundrechte, wenn durch Einzahlungen in die Arbeitslosen-, Kranken- und Rentenversicherung erworbenen Ansprüche durch gesetzliche Eingriffe gestrichen werden. Auch **Heiner Geißler** (CDU) hält Hartz IV aus diesem Grund für verfassungswidrig und prophezeite schon im September 2004, die Gleichstellung von Arbeitslosen, die unterschiedlich lange in die Sozialversicherung eingezahlt haben, werde vor dem Verfassungsgericht zu Fall kommen.

2. Nach Art. 13 GG ist die *Wohnung unverletzlich.* Durchsuchungen dürfen nur stattfinden, wenn ein Richter sie angeordnet hat, oder „zur Abwehr einer bestimmten Gefahr oder einer Lebensgefahr". Hausbesuche zur Kontrolle der Vermögensverhältnisse, z.B. die Suche nach versteckten Vermögenswerten, wären demnach ein klarer Verstoß gegen Art. 13 GG.

3. **Prof. Dr. Uwe Berlit**, Richter am Bundesverwaltungsgericht, sieht durch die „Eingliederungsvereinbarung", die alle Antragsteller unterschreiben müssen und die Vertragsform hat, einen unverhältnismäßigen Eingriff in die *Vertragsfreiheit*, die von Art. 2 GG geschützt wird. Nach dem Grundgesetz hat jeder Bürger das Recht, frei zu entscheiden, mit wem er welchen Vertrag abschließt.

4. In Art. 12 GG heißt es: „(1) Alle Deutschen haben das Recht, Beruf, Arbeitsplatz und Ausbildungsstätte frei zu wählen...(2) Niemand darf zu einer bestimmten Arbeit gezwungen werden, außer im Rahmen einer herkömmlich allgemeinen, für alle gleichen Dienstleistungspflicht." (Wehrpflicht, Zivildienst, Schöffe) „(3) Zwangsarbeit ist nur bei einer gerichtlich angeordneten Freiheitsentziehung zulässig." Nicht nur Prof. Berlit sieht das *Zwangsarbeitsverbot* verletzt, wenn Arbeitslose unter Androhung verschärfter Sanktionen gezwungen werden, „Arbeitsgelegenheiten" wahrzunehmen, für die sie nur eine geringe Aufwandsentschädigung erhalten („1-Euro-Jobs").

5. Wer dies verweigert, dem droht die Streichung der 345 Euro ALG II für drei Monate, bei nochmaliger Weigerung für weitere drei Monate, bis hin zur Streichung der Geldleistungen auch für Unterkunft und Heizung. Die Juristen sagen, dadurch werde das „Bedarfsdeckungsprinzip“ verletzt, das aufgrund des *Sozialstaatsgebot* in Art. 20 GG zwingend zu beachten ist.

Dieser Art. 20 des Grundgesetzes ist der allerwichtigste überhaupt, denn er enthält die Quintessenz unserer Verfassung:

Art. 20 GG:
„(1) Die Bundesrepublik Deutschland ist ein demokratischer und sozialer Bundesstaat.
(2) Alle Staatsgewalt geht vom Volke aus. Sie wird vom Volke in Wahlen und Abstimmungen und durch besondere Organe der Gesetzgebung, der vollziehenden Gewalt und der Rechtsprechung ausgeübt.

(3) Die Gesetzgebung ist an die verfassungsmäßige Ordnung, die vollziehende Gewalt und die Rechtsprechung sind an Gesetz und Recht gebunden.

(4) Gegen jeden, der es unternimmt, diese Ordnung zu beseitigen, haben alle Deutschen das Recht zum Widerstand, wenn andere Abhilfe nicht möglich ist.“

Er ist auch der beste Schutz davor, sich – typisch deutsch – an juristischen Einzelheiten festzubeißen und vor lauter Bäumen den Wald aus den Augen zu verlieren: Die sog. „Reformen“ der Arbeitslosen-, Kranken- und Rentenversicherung zielen auf Abschaffung des Sozialstaates und unserer verfassungsmäßigen Ordnung!

Ein Verfassungsrichter argumentiert politisch

Der Kampf um den Erhalt unseres „demokratischen und sozialen Bundesstaates“ kann nur gewonnen werden, wenn wir es schaffen, daß die Politiker (in Regierung und Opposition), die sich bislang unter dem Diktat von Banken und neoliberalen Denkfabriken weigern, ihren Wirtschaftskurs zu ändern, entweder umdenken oder aber durch vernünftigere Leute ersetzt werden, die zu einem solchen Kurswechsel bereit sind. Bedeutsam ist daher eine Rede, die **Prof. Dr. Siegfried Broß**, Verfassungsrichter im 2. Senat des Bundesverfassungsgerichts, im Juni auf dem Katholikentag in Ulm hielt. Er argumentiert politisch, weil er weiß, daß die Ursachen des Problems der Sozialversicherungen, nämlich die seit 1971 anwachsende „erschreckend hohe Arbeitslosenzahl bei kontinuierlich niedriger Zahl von offenen Stellen“ letztlich nicht mit Paragraphen zu bekämpfen ist, sondern nur durch die entschlossene Veränderung der staatlichen Wirtschaftspolitik.

Vor allem müssten „Wege gesucht werden, die Einnahmenseite zu stärken und nicht ständig bei den Armen und Schwachen weiter zu sparen“, betont Prof. Broß. Auch bei der geplanten Gesundheits- und Rentenreform sei „eine nähere Vergewisserung über die Verfassungsrechtslage und deren Vorgaben nach meiner Einschätzung unterblieben“. Dabei sei das „Bekenntnis zum Sozialstaat“ von entscheidender Bedeutung. Zwar sei das Grundgesetz „wirtschaftspolitisch neutral“ und das Gebot, die Menschenwürde zu schützen (Art.1 Abs. 2 GG), bedeute nicht den Schutz vor materieller Not. Aber wirtschaftspolitische Maßnahmen dürften „nicht zu einer Verkürzung dessen führen, was die Verfassung in allem Wandel unverändert gewährleisten will, namentlich nicht zu einer Verkürzung der in den einzelnen Grundrechten garantierten individuellen Freiheiten, ohne die nach der Konzeption des Grundgesetzes ein Leben in menschlicher Würde nicht möglich ist ... Entscheidend für unseren Zusammenhang ist die Verbindung zwischen den Grundrechten, vor allem der Menschenwürde des Art. 1 GG und der Handlungsfreiheit des Art. 2 GG mit dem Sozialstaatsprinzip des Art. 20 Abs. 1 GG."

Nach der Rechtsprechung des Bundesverfassungsgerichts, so Prof. Broß in seiner Ulmer Rede, gehörten zur Daseinsvorsorge im Sozialstaat auch „wichtige Infrastrukturbereiche für die Sicherung eines menschenwürdigen Daseins. Hierzu sind Einrichtungen, die der Mensch zur Verwirklichung seiner Person und Individualität bedarf und die er nicht selbst zur Verfügung stellen kann, wie Elektrizität, Wasserversorgung, Telefon, Bahn und Post zu rechnen." Und es widerspreche dem Sozialstaatsprinzip, „wenn der Staat fortwährend Maßnahmen trifft, die die wirtschaftliche und politische Grundlage für verantwortliches Handeln in Ausführung des Sozialstaatsgebots in Frage zu stellen vermögen".

Prof. Broß erläutert, durch welche Faktoren er das „staatliche Handeln in Beobachtung des Sozialstaatsgebots" immer mehr eingeschränkt sieht: nämlich durch den „fortschreitenden europäischen Integrationsprozeß" (EU-Recht), die „parallel verlaufende Ausweitung der Globalisierung" und der „Schattenwirtschaft", die Deregulierung der Finanzmärkte und die Privatisierung der öffentlichen Infrastruktur.

„Uneingeschränkte Privatisierung fördert Destabilisierung des Staates", warnt der Verfassungsrichter. „Man kann sich ohne Schwierigkeiten vorstellen, daß etwa nach einem Börsengang der Deutschen Bahn AG und Erwerb der erforderlichen Mehrheit durch unkontrollierte Interessenten etwa ein einwöchiger Sonderurlaub für deren Bedienstete geeignet ist, die deutsche Volkswirtschaft ins

Wanken zu bringen ... Der Staat kann nach völliger Deregulierung die Arbeits- und Wirtschaftsbedingungen allenfalls in einem ganz geringen Umfang noch gestalten, er ist aber hilf- und wehrlos gegen die Globalisierung."

Broß warnt auch vor einer Privatisierung der Sparkassen. Schon jetzt habe Privatisierung und Deregulierung im Bankenbereich „dazu geführt, daß die Abhängigkeit von internationalen Finanzströmen immer größer wird, eine Spekulation früher gegen die DM und nunmehr gegen den Euro nahezu nach Belieben möglich ist ... Hinzu kommen die internationalen Rating-Agenturen, die trotz ihrer intransparenten Struktur und fehlenden demokratischen Legitimation in der Lage sind, die Güte eines Staatswesens zu bestimmen." Gerade wegen der inneren Abhängigkeiten zwischen EU-Integration, Globalisierung und Schattenwirtschaft, sei der Staat verpflichtet, „in Ausführung des Sozialstaatsgebot des Art. 20 Abs. 1 GG zur Stabilisierung der Sozialversicherungssysteme und zum offensiven Umgang mit internationalen Finanzmärkten entsprechende Rahmenbedingungen zu schaffen.

Prof. Broß macht zwei konkrete Lösungsvorschläge, um den „sozialen Bundesstaat" und den gesellschaftlichen Frieden in Deutschland zu erhalten: „Privatisierungen im Bereich der Daseinsfürsorge", d.h. der öffentlichen Infrastruktur, „müssen rückgängig gemacht und anstehende mit Börsengang unterbunden werden. Die Substanz dieser Betriebe ist jeweils in Fonds einzubringen." Anteilscheine an diesen Fonds könnten mit für immer garantiertem Zinssatz an Bürger zur Sicherung ihres privaten Anteils an der Riester-Rente ausgegeben werden. (Infrastrukturanleihen finden in Form der KfW-Anleihen bereits reißenden Absatz; doch warum sollte man sich mit der Privatisierungstendenz der „Riester-Rente" abfinden? *Anm. G.L.*)

Die zweite Empfehlung des Verfassungsrichters betrifft

den Maastrichter Vertrag und die EU-Verfassung. Wenn die Gesellschaft nicht mittelfristig in Arm und Reich gespalten werden solle, bedürfe der europäische Integrationsprozeß der Anpassung: „Die beschriebene Entwicklung seit 1971 mit der Vollendung des Binnenmarkts zum 1. Januar 1993 hat ebenso wie die Einführung des Euro gezeigt, daß damit kein Bollwerk gegen die fortschreitende Globalisierung und Schattenwirtschaft errichtet werden kann, sondern daß vielmehr im Gegenteil diese die Gemeinwesen gefährdenden Entwicklungen eher gefördert werden. Aus diesem Grunde muß der Staat danach trachten, seine Handlungs- und Gestaltungsfähigkeit zurückzugewinnen und internationale und von ihm anders nicht beeinflußbare unkontrollierte Entwicklungen auf den Binnenbereich wirksam abzuwehren."

Was wollen wir?

Prof. Broß formuliert also, in welche Richtung eine grundgesetzkonforme Politik zur Überwindung der wirtschaftlichen und gesellschaftlichen Krise gehen muß. Seit Juni hat sich die Lage dramatisch zugespitzt. Das neoliberale System der globalisierten Finanzmärkte steht vor dem Kollaps, der Dollarverfall ist dafür nur ein Symptom. Und wenn die Krise nicht im Sinne des Sozialstaatsprinzips gelöst wird, dann droht nicht nur der Verlust des Sozialstaates, sondern wir verlieren auch die Demokratie und den Frieden. Dann droht uns ein neuer Faschismus und Krieg.

In allen Ländern, die von der Weltwährungs- und Wirtschaftskrise betroffen sind, kommt es nun darauf an, daß die Regierungen dringend ihre Handlungsfähigkeit zurückgewinnen, daß sie sich zusammensetzen und, ähnlich wie 1944 in Bretton Woods, ein neues Weltfinanzsystem vereinbaren. Vier Punkte sind wesentlich bei diesem „Neuen Bretton Woods":

1. Der Globalisierung (Privatisierung, Deregulierung) müssen enge Schranken gesetzt werden.
2. Der Maastrichter Vertrag, insbesondere die willkürlichen Sparkriterien und das Regime der unabhängigen Zentralbanken, muß außer Kraft gesetzt werden. Über die EU-Verfassung muß dementsprechend neu verhandelt werden.
3. Die internationalen Schulden müssen reorganisiert und großenteils abgeschrieben werden.
4. Wichtigster Punkt: Die physische Wirtschaft muß angekurbelt werden. Dazu sind erfahrungsgemäß große öffentliche Infrastrukturprojekte („Eurasische Landbrücke") bestens geeignet.

Für die Bundesrepublik Deutschland ergibt sich in diesem Zusammenhang die Aufgabe, in den kommenden Jahren 8 Millionen produktive, ordentlich bezahlte Arbeitsplätze zu schaffen. Dazu sind 100 Mrd. Euro öffentliche Investitionen in die vernachlässigte öffentliche Infrastruktur erforderlich, die ihrerseits bis zu 100 Mrd. privater Investitionen bei den beauftragten Firmen und Zulieferern anstoßen. Einzelheiten dazu finden Sie im Internet: *www.solidaritaet.com/neuesol/2004/36/finanz.htm.* Wichtig ist zu verstehen, daß zur Finanzierung dieses Investitionsschubs (ähnlich dem deutschen „Lautenbachplan" von 1931 oder Roosevelts „New Deal") herkömmliche KfW-Anleihen nicht ausreichen werden. Der Staat selbst muß die Kredithoheit zurückgewinnen und die Bundesbank wieder Verfassungsorgan im Sinne einer Nationalbank werden, die selbst Kredit schöpfen kann, wenn dies im Sinne des Gemeinwohls sinnvoll und in einer wirtschaftlichen Notlage dringend geboten ist.

Gabriele Liebig,
aus: Neue Solidarität Nr. 51/2004

Namenregister

Aus dem Verlagsprogramm

Die Neocons –

Wer treibt die USA in die imperiale Falle?

224 Seiten • ISBN 3-925725-48-2 • Euro 12,80

- **Amerika im Zentrum des globalen Finanzsturms**
- **Der Anschlag vom 11. 9. 2001, ein Putschversuch?**
  Die Osama Story
- **Die Kriegspartei in den USA und ihre weltpolitischen Ziele**
  Ein „Neues Amerikanisches Jahrhundert"
  Die Doktrin des Präventivkriegs
  „Shock and Awe" als Grundlage der neuen Militärdoktrin
- **Vizepräsident Cheney im Skandaldickicht**
  Die Lüge über „Husseins Massenvernichtungswaffen"
  Das Büro für Sonderplanung (OSP): Cheneys Amt fürs Grobe
  Die Falken in der Bush-Regierung und ihre dunklen Geschäfte
- **Die neokonservative Gegenrevolution**
- **Das wirkliche Amerika: LaRouches Wahlkampf in der Tradition Franklin D. Roosevelts**

FRIEDRICH LIST (1789-1846)

Grundriß der amerikanischen politischen Ökonomie

Deutsch und Englisch (original) mit einem Kommentar von Michael Liebig zur Aktualität des Listschen Ansatzes für die wirtschaftspolitische Diskussion unserer Tage.

352 Seiten, ISBN 3-925725-25-3

broschiert Euro 14,80 • gebunden Euro 24,90

Fax 0611-7786118 (Fax-Bestellung erwünscht)